Georg Vollmer

Kleine deutsche Grammatik für Schule und Alltag

Mit den wichtigsten Regeln der Rechtschreibung und Zeichensetzung

Vandenhoeck & Ruprecht

Quellen:
S. 59: © 2003 Lappan Verlag.

Zeichnungen: Katrin Wolff

Bibliografische Information der Deutschen Nationalbibliothek

Die Deutsche Nationalbibliothek verzeichnet diese Publikation in der Deutschen Nationalbibliografie; detaillierte bibliografische Daten sind im Internet über <http://dnb.d-nb.de> abrufbar.

ISBN 978-3-525-79008-3

Druck und Bindung: ⊕ Hubert & Co.

Gedruckt auf alterungsbeständigem Papier.

Inhalt

Vorwort

Im Jahr 2006 wurde nach jahrelanger Debatte die vorerst letzte Rechtschreibreform verabschiedet, die unter Federführung des *Rats für deutsche Rechtschreibung* eine im gesamten deutschsprachigen Raum verbindliche *amtliche Regelung* hervorgebracht hat. Aus diesem Anlass habe ich meinen bereits vor Jahren verfassten und in der Unter- und Mittelstufe des Gymnasiums erprobten Vorläufer noch einmal vollständig überarbeitet und erweitert. Das Ergebnis liegt nun in Form dieser *kleinen* Grammatik vor.

Meine Zielsetzung ist eine übersichtliche und auf das Wesentliche reduzierte Vermittlung elementarer Grundkenntnisse der deutschen Grammatik, Zeichensetzung und Rechtschreibung.

Da es sich um ein systematisches Nachschlagewerk handelt, kann es sowohl in der Schule neben den im Deutschunterricht eingeführten Arbeits- bzw. Sprachbüchern als auch zu Hause verwendet werden. Dabei erleichtert das alphabetische Glossar die schnelle Orientierung, denn es enthält 116 Stichwörter mit Bedeutungserklärungen sowie Beispielen und kann gleichzeitig als Stichwortverzeichnis verwendet werden. Das hier vermittelte Basiswissen kann bei Bedarf mit Hilfe von Übungsheften, die auf dem Markt in großer Zahl angeboten werden, eingeübt und vertieft werden.

Da auf eine ausführliche Beschreibung von Rand- und Sonderbereichen bewusst verzichtet wird, erhebe ich keinen Anspruch auf Vollständigkeit. Stattdessen lege ich großen Wert darauf, sämtliche Regeln und Fachbegriffe anhand anschaulicher und klar verständlicher Beispiele zu erläutern. Oberstes Gebot sind Prägnanz und Benutzerfreundlichkeit.

Das Buch richtet sich vor allem an Schüler der Sekundarstufe I und deren Eltern; es kann aber auch allen anderen weiterhelfen, die eine schnelle, klare Antwort auf eine grammatische Frage suchen. Insbesondere Schülern der Klassen 5 und 6, die mit recht unterschiedlichen Voraussetzungen von der Grundschule kommen, gibt es eine kurze, präzise Orientierungshilfe.

Georg Vollmer, im Oktober 2007

Die Grammatik weiß sogar Könige zu beherrschen ...

Molière, Die gelehrten Frauen II,6

1 Wichtige Abkürzungen und Fachbegriffe

1.1 Allgemeines

Bsp.	Beispiel
bzw.	beziehungsweise
d.h.	das heißt
f./ff.	folgende Seite(n)
i.d.R.	in der Regel
s.o.	siehe oben
sog.	so genannt(e)
s.S.	siehe Seite(n)
s.u.	siehe unten
u.a.	und andere
u.a.	unter anderem/-n
v.a.	vor allem
vgl.	vergleiche
z.B.	zum Beispiel

1.2 Wortlehre

	Kasus: 1., 2., 3., 4. Fall bei der Deklination (Beugung)		
Nom.	Nominativ	(Wer oder was?):	*der Schüler*
Gen.	Genitiv	(Wessen?):	*des Schülers*
Dat.	Dativ	(Wem?):	*dem Schüler*
Akk.	Akkusativ	(Wen oder was?):	*den Schüler*

Numerus: Zahl, Anzahl (Zahlform der veränderlichen Wortarten)

Sg. / Pl. — Singular (Einzahl) / Plural (Mehrzahl):
Haus – Häuser; *ich lese – wir lesen*

Genus: grammatisches Geschlecht des Nomens u.a.

m. / f. / n. — maskulin (Maskulinum, männlich) / feminin (Femininum, weiblich) / neutral (Neutrum, sächlich): *der, die, das*

Genus Verbi: Handlungsrichtung des Verbs
Aktiv: *sehen* Passiv: *gesehen werden*

	Modus (Modus Verbi): Aussageweise des Verbs	
Ind.	Indikativ (Wirklichkeitsform):	*Ich lese ein Buch.*
Konj.	Konjunktiv (Möglichkeitsform):	*Ich würde gern lesen.*
Imp.	Imperativ (Befehlsform):	*Lies! Komm! Geht!*
Pers.	Person: 1., 2. und 3. Person:	*ich gehe, du gehst, er/sie/es geht*
	Tempus: Zeitform des Verbs	
Präs.	Präsens (Gegenwart):	*er kommt*
Prät.	Präteritum (= Imperfekt; Vergangenheit):	*er kam*
Perf.	Perfekt (zweite Vergangenheit, vollendete Gegenwart):	*er ist gekommen*
Plusq.	Plusquamperfekt (Vorvergangenheit, vollendete Vergangenheit):	*er war gekommen*
Fut.	Futur (I und II; Zukunft):	*er wird kommen* (I); *er wird gekommen sein (II)*
Inf.	Infinitiv (*Grundform* des Verbs; endet auf *-en*):	*tasten, lesen, begreifen*
Part.	Partizip (Mittelwort):	*denken, gedacht; reden, geredet*
Präp.	Präposition (Verhältniswort):	*in, an, auf, unter*
PP.	Personalpronomen (persönliches Fürwort):	*ich, du, er, sie, es*

1.3 Satzlehre

HS	Hauptsatz:	*Ich komme morgen.*
NS / GS	Nebensatz / Gliedsatz:	*Ich komme, **wenn ich fertig bin**.*

Sb	Satzbau

Es werden folgende *Satzglieder* unterschieden:

Subj.	Subjekt (Satzgegenstand):	***Ich** liebe dich.*
Präd.	Prädikat (Satzaussage):	*Ich **liebe** dich.*
Obj.	Objekt (Satzergänzung):	*Ich liebe **dich**.*
Adv.	Adverbiale (Umstandsbestimmung):	*Ich liebe dich **hier und heute**.*

2 Lautlehre (Phonetik)

2.1 Die Laute im Deutschen

1. **Vokale** (Selbstlaute)
Im Deutschen gibt es die Vokale *a, e, i, o, u* – jeweils in langer und kurzer Aussprache, also eigentlich 10 Vokale. Die *Amtliche Regelung der deutschen Rechtschreibung* (2006) unterscheidet wegen der unterschiedlichen Aussprache der Vokale (sog. *Laut-Buchstaben-Zuordnung*) zusammen mit den Umlauten (*ä, ö, ü*) sogar je acht kurze und lange Vokale!

2. **Umlaute** (leiten sich von betonten Vokalen ab)
Zeichen für Umlaute sind *ä, ö, ü*:
*tr**ä**gst, **Ö**fen, d**ü**mmer*

3. **Diphthonge** (Zwielaute, Doppellaute aus zwei Vokalen)
Zeichen für Diphthonge sind *au, ai, ei, äu, eu, oi* (selten):
*H**au**s, M**ai**s, gl**ei**te, tr**äu**men, h**eu**te, L**oi**pe*

4. **Konsonanten** (Mitlaute)
Zeichen für Konsonanten sind die restlichen Buchstaben des Alphabets:
b, c, d, f, g, h, j, k, l, m, n , p , q(u), r, s, t, v, w, x, y, z

Je nach Stellung im Wort unterscheidet man Anlaute (***U**fer*), Inlaute (*M**ee**r*) und Auslaute (*Boo**t***).

Das *y* nimmt hinsichtlich der Laut-Buchstaben-Zuordnung aufgrund seiner Herkunft eine Sonderstellung ein und wird auch als Halvokal oder Halbkonsonant bezeichnet. Es wurde von den Griechen aus dem altsemitischen Zeichen für ›*w*‹ entlehnt und von den Römern im 1. Jh. vor Chr. an das ursprüngliche Alphabet angehängt. In der Phonetik (Lautlehre) entsprach der Lautwert ursprünglich einem ›*u*‹, heute entspricht er einem ›*y*‹ bzw. ›*ü*‹ (z.B. in *anonym*, *Sylt*). Das *y* kommt im Deutschen fast nur in Fremwörtern vor.

2.2 Dehnung und Schärfung von Vokalen in betonten Silben

2.2.1 Dehnung (= Vokaldehnung):

Langvokale treten in folgenden Schreibweisen auf:

1. als Doppelvokal (selten; nicht bei *u* und *i*):	*Waage, See, Moos*
2. mit Längenzeichen (Dehnungs-) *e*:	*viel, Vieh,* *Soest, Coesfeld* aber: *Goethe*!
mit Längenzeichen (Dehnungs-) *i*:	*Troisdorf, Roisdorf*
mit Längenzeichen (Dehnungs-) *h*:	*Mahnung, Nahrung,* *Mehl, hohl, Kuh*
3. ohne Kennzeichnung (Dehnungszeichen):	*Hase, Weg, Bibel,* *Sog, Ruf*

Im Gegensatz zum (stummen) Dehnungs-*h* steht das (gesprochene) Laut-*h* bzw. Silben-*h* nur am Silbenanfang: *An**h**ang, ge**h**oben, na**h**e*

2.2.2 Schärfung (= Vokalkürzung):

Kurze Vokale treten in drei Schreibweisen auf:

1. mit Doppelkonsonant:	*kann, wenn, Sinn, soll, muss*
2. mit zwei (oder drei) verschiedenen Konsonanten:	*ganz, Meldung, Spitze, Wort, kurz*
3. mit einem Konsonanten (ohne Kennzeichnung):	*man, das, es, in, von, um*

Nach kurzem betontem Vokal folgen meist zwei Konsonanten (Doppelkonsonant oder zwei verschiedene Konsonanten). Hierzu gehören auch *tz* (*Bli**tz***) und *ck* (*He**ck**e*), bei denen man nur einen Laut hört, aber zwei Buchstaben schreibt.
Kurze unbetonte Vokale (*Zeugn**i**s*) und kurze Vokale in einsilbigen Wörtern (***a**n, z**u**m*) werden nicht gekennzeichnet.

Merksätze:
Vor *l, m, n, r*, das merke ja, da steht sehr oft ein Dehnungs-*h*!
Ur-, -bar, -sal, -sam, -tum, Dehnungs-*h* fall um!
Wer *nämlich* mit *h* schreibt, ist dämlich!
Beachte: *schaffen – Geschäft; sammeln – gesamt; gehemmt – Hemd*

3. Wortlehre

Der Werwolf

Ein Werwolf eines Nachts entwich
von Weib und Kind und sich begab
an eines Dorfschullehrers Grab
und bat ihn: »Bitte, beuge mich!«

Der Dorfschulmeister stieg hinauf
auf seines Blechschilds Messingknauf
und sprach zum Wolf, der seine Pfoten
geduldig kreuzte vor dem Toten:

»Der Werwolf«, sprach der gute Mann,
»des Weswolfs, Genitiv sodann,
dem Wemwolf, Dativ, wie man's nennt,
den Wenwolf, – damit hat's ein End.«

Dem Werwolf schmeichelten die Fälle,
er rollte seine Augenbälle.
»Indessen«, bat er, »füge doch
zur Einzahl auch die Mehrzahl noch!«

Der Dorfschulmeister aber musste
gestehn, dass er von ihr nichts wusste.
Zwar Wölfe gäb's in großer Schar,
doch »Wer« gäb's nur im Singular.

Der Wolf erhob sich tränenblind –
er hatte ja doch Weib und Kind!!
Doch da er kein Gelehrter eben,
so schied er dankend und ergeben.

Christian Morgenstern (1871-1914)

3.1 Silbe, Wortstamm und Wortfamilie

Wörter setzen sich aus Silben, den kleinsten Sprecheinheiten, zusammen.
Im Deutschen unterscheidet man:

a) offene Silben:	enden auf Vokal	***Bi***~*bel*
b) geschlossene Silben:	enden auf Konsonant	***Bir***~*ne*

Außerdem werden betonte Silben (***Au***-*to*) und unbetonte Silben (*Hu*-***pe***) unterschieden.

Jedes Wort enthält einen Wortstamm. Dies ist der Teil des Wortes, der die Wortbedeutung trägt, aber ohne Beugungsendung bzw. Vor- oder Nachsilbe (s.u.): ***sing***~*en*, ***lach***~*en*; *An*~***ruf***, ***Frei***~*heit*
Manche Wörter bestehen nur aus dem Wortstamm: *Boot, drei, hier*

Viele Wörter enthalten ferner eine Vorsilbe und / oder eine Nachsilbe:

a) Vorsilbe (= das Präfix):	***Ge***~*stell*, ***un***~*schön*, ***Be***~*leg*, ***er***~*warten*
b) Nachsilbe (= das Suffix):	*stell*~***en***, *Schön*~***heit***, *leg*~***en***, *Wart*~***ung***

Manche Vorsilben können die eigentliche Wortbedeutung im Sinne einer Verneinung (= Negation) in ihr Gegenteil verkehren:

schön – ***un****schön*	*biotisch* – ***a****biotisch*	*mobil* – ***im****mobil*

In ihrer Grundform (also ohne angehängte Vor- oder Nachsilbe) ist bei deutschen Wörtern die erste Silbe betont, es folgt eine unbetonte Endsilbe.
In Fremd- und Lehnwörtern (siehe Kapitel 6.6) ist dagegen i.d.R. die zweite oder dritte Silbe betont.

Wörter, die auf einen gemeinsamen Ursprung (Wortstamm) zurückgehen, gehören zu einer Wortfamilie:
stehen, Stand, Ständer, Verstand, Aufstand, beständig, Stunde ...

Inhaltlich verwandte Wörter unterschiedlicher Herkunft bilden ein Wortfeld:
Jubel, Trubel, Heiterkeit, Elan, Freude, Begeisterung ...

3.2 Homophon, Homonym und Synonym

Homophone und Homonyme sind Wörter, die gleich gesprochen bzw. gleich geschrieben werden, sich aber grammatisch und semantisch, d.h. in Bezug auf die Wortbedeutung, unterscheiden.

Homophone sind gleich lautende Wörter mit verschiedener Schreibung:

Aas – *aß* (zu *essen*)	*fasst* (zu *fassen*) – *fast* (Adverb)
Frist – *frisst* (zu *fressen*)	*Mist* – *misst* (zu *messen*)
Küste – *küsste* (zu *küssen*)	*reist* (zu *reisen*) – *reißt* (zu *reißen*)
ist (zu *sein*) – *isst* (zu *essen*)	*Verlies* – *verließ* (zu *verlassen*)

Homonyme sind Wörter, die gleich geschrieben werden:

die *Bank*: Sitzbank (Pl.: die *Bänke*)	die *Bank*: Geldinstitut (Pl.: die *Banken*)
die *Kosten*: Geldausgaben, Preise	das *Kosten*: eine Köstlichkeit probieren
der *Gehalt*: Bedeutung eines Textes	das *Gehalt*: Geldbezüge, Einkommen
die *Sieben*: Zahl bzw. Ziffer 7	das *Sieben*: Sand oder Mehl sieben

Synonyme sind bedeutungsgleiche bzw. sinnverwandte Wörter:
Lärm – Krach; Knabe – Junge; Spatz – Sperling; Nomen – Substantiv – Hauptwort; Metzger – Fleischer – Schlachter; Geografie – Erdkunde; Mobiltelefon – Handy; schauen – sehen; sprechen – reden; verstehen – begreifen; alt – betagt; klug – weise

3.3 Die Flexion (Beugung): Deklination, Konjugation und Komparation

Der Wortschatz der deutschen Sprache lässt sich in flektierbare (beugbare) und unflektierbare (unveränderliche) Wörter einteilen. Man unterscheidet:

a) **Deklination** – Flexion der Nomen, Artikel, Pronomen, Adjektive und Numeralia. Deklination bedeutet die Bestimmung der drei Merkmale K – N – G: **K**asus (1. bis 4. Fall), **N**umerus (Einzahl oder Mehrzahl) und **G**enus (grammatisches Geschlecht).
Weitere Erläuterungen in Kapitel 3.4.1, ① bis ④.

b) **Konjugation** – Flexion der Verben. Sie ist nach fünf Merkmalen bestimmt: Person, Numerus (Zahl), Tempus (Zeit), Modus (Aussageweise) und Genus Verbi (Handlungsrichtung).
Weitere Erläuterungen in Kapitel 3.4.1, ⑥.

c) **Komparation** – Steigerung des Adjektivs (und einiger Adverbien). Es gibt regelmäßige und unregelmäßige Steigerungen des Adjektivs. Weitere Erläuterungen in Kapitel 3.4.1, ⑤.

3.4 Wortarten

3.4.1 Veränderliche Wortarten (= flektierbare Wörter)

① **Der Artikel** (Pl.: die Artikel = Begleiter, »Geschlechtswörter«)
Der Artikel richtet sich nach dem grammatischen Geschlecht (= **Genus**, Pl. Genera) des Nomens, das er begleitet: Maskulinum, Femininum oder Neutrum.

der Mann, der Schrank	→	**m.**	(maskulin	=	männlich)
die Frau, die Tasche	→	**f.**	(feminin	=	weiblich)
das Kind, das Auto	→	**n.**	(neutral	=	sächlich)

Im Plural gibt es keine Unterschiede nach grammatischem Geschlecht:
die Männer, die Schränke; die Frauen, die Tasche; die Kinder, die Autos

Man unterscheidet zwischen

bestimmtem Artikel:	Sg. (m., f., n.):	***der, die, das***;	Pl.: *die*
unbestimmtem Artikel:	Sg. (m., f., n.):	***ein, eine, ein***;	Pl.: kein Artikel (*Männer, Frauen, Kinder*)

Ebenso wie der bestimmte Artikel werden folgende Pronomen dekliniert:
dieser, jener, welcher, solcher, mancher, jeder
der / dieser Mann, des / jenes Mannes, dem / welchem Mann, den / jeden Mann

② **Das Nomen** (Pl.: die Nomen / Nomina = Substantive, Hauptwörter)
Nomen werden großgeschrieben und bezeichnen Lebewesen, Eigennamen, Gegenstände oder Begriffe. Die Wortform lässt sich mit Hilfe dreier Fragen bestimmen:

In welchem **Kasus** (1. bis 4. Fall) steht das Nomen?

1. Fall (Wer?):	Nominativ	***Der Löwe*** *brüllt.*
2. Fall (Wessen?):	Genitiv	*Der Clown ist kein Freund* ***des Löwen****.*
3. Fall (Wem?):	Dativ	*Der Mann flieht vor* ***dem Löwen****.*
4. Fall (Wen?):	Akkusativ	*Der Dompteur ruft* ***den Löwen****.*

In welchem **Numerus** (Zahlform) steht das Nomen?

Singular (Einzahl):	***Der Löwe*** *springt.*
Plural (Mehrzahl):	***Die Löwen*** *fressen.*

In welchem **Genus** (Geschlecht) steht das Nomen?

Maskulinum:	***Der Löwe*** *gähnt.*
Femininum:	***Die Löwin*** *träumt.*
Neutrum:	***Das Löwenbaby*** *schläft.*

Die Flexion (Beugung) des Nomens heißt **Deklination**. Man unterscheidet drei Gruppen (s. Formentabellen, Kapitel 7):

Die *schwache Deklination* des Nomens endet außer im Nominativ immer auf *-(e)n* oder weist endungslose (unveränderte) Singularformen auf: *Student, Mensch, Frau.*

Die *starke Deklination* ist ohne *-(e)n*-Endung und endet mit Ausnahme der (endungslosen) weiblichen Nomen (*Mutter, Tochter*) im Gen. Sg. auf *-(e)s*. Sie weist einen endungslosen Plural auf (*Sessel, Segel*) oder endet im Plural auf *-s* (*Omas, Opas*), *-er* (*Männer*, *Kinder*) oder *-e(n)* (*Tage, Jahre*): *Stadt, Auto, Dach.* In beiden Fällen kann ein Umlaut hinzutreten: *Äpfel, Männer, Bäche.*

Die *gemischte Deklination* hat im Gen. Sg. eine *-(e)s*-Endung (wie die starke Deklination) und im Plural eine *-(e)n*-Endung (wie die schwache Deklination): des *Auges / die Augen, des Muskels / die Muskeln, des Ohrs / die Ohren.*

③ **Das Pronomen** (Pl.: die Pronomen / Pronomina = Fürwörter)
Das Pronomen ist deklinierbar und steht im Satz für (lat. *pro*) ein Nomen: ***Er*** *arbeitet hart.*
Es kann auch ein Nomen begleiten: ***Meine*** *Lehrerin ist nett.*

Es gibt folgende Arten von Pronomina:

Personalpronomen	(persönliches Fürwort):	*ich, du, er, sie, es, wir, ihr, sie*
Relativpronomen	(bezügliches Fürwort):	*der, welcher; die, welche; das, welches*
Demonstrativpronomen	(hinweisendes Fürwort):	*dieser, jener, solcher*
Reflexivpronomen	(rückbezügliches Fürwort):	*mich, dich, sich*
Possessivpronomen	(besitzanzeigendes Fürwort):	*mein, dein, sein, ihr; unser, euer, ihr*
Interrogativpronomen	(fragendes Fürwort): (= Fragepronomen)	*wer, was, welcher, welche, woran*
Indefinitpronomen	(unbestimmtes Fürwort):	*man, etwas, jeder, einige, keiner*

Interrogativpronomina leiten Fragesätze ein:
***Wo** gehst du hin? **Wie** geht's?*
Reflexivpronomina beziehen sich i.d.R. auf die im Subjekt genannte Person:
*Ich habe **mich** geirrt. Er hat **sich** verletzt.*
Ausnahme: Indefinitpronomina sind nur in adjektivischer Verwendung deklinierbar:
jeden Dienstag – keine Zeit.

Das kürzeste Demonstrativpronomen ist der bestimmte Artikel.
Mit nachfolgendem *da* steht er in der heutigen Alltagssprache für *jener*:
der (da), die (da), das (da); dieser, jener, solcher

Das Relativpronomen leitet einen Nebensatz (Relativsatz) ein und heißt so, weil es sich auf ein Nomen im Hauptsatz bezieht und so eine Verbindung zum übergeordneten Satz herstellt:
*Die Frau, **die** auf uns zukommt, ist meine Schwester.*

④ **Das Adjektiv** (Pl.: Adjektive = Eigenschaftswörter; Wiewörter)
a) Steht das Adjektiv vor dem Nomen (Substantiv) und beschreibt dieses genauer, ist es ein
Attribut / attributives Adjektiv: *Das **schöne** Mädchen singt.*
b) Ein Adjektiv kann auch ein Verb genauer beschreiben, dann ist es ein
Adverb / adverbiales Adjektiv: *Die Nachtigall singt **schön**.*
c) Prädikative Adjektive stehen mit dem Hilfsverb *sein*: *Die Rose ist **schön**.*

Die Steigerung des Adjektivs bezeichnet man als **Komparation**. Es gibt (a) regelmäßige und (b) unregelmäßige Steigerungen des Adjektivs; bei der unregelmäßigen wechselt das Wort. Man unterscheidet:

Positiv (Grundform):
(a) *schnell / jung* (b) *viel / gut*
Komparativ (Vergleichsstufe; endet regelmäßig auf -*er*):
(a) *Tom ist schneller / jünger als Tim.* (b) *Clara arbeitet mehr / besser als Lisa.*
Superlativ (Höchststufe, endet regelmäßig auf -*ste(r/s/n/m)*):
(a) *Tom ist das schnellste / jüngste Kind.* (b) *Lisa hat das meiste / beste Spielzeug.*

Als Elativ bezeichnet man den absoluten Superlativ, der ohne Vergleich steht:
Sie war die ***Frau meines Lebens****. Ich bitte* ***höflichst*** *um Verzeihung.*

Adverbiale und prädikative Adjektive können nicht flektiert (gebeugt), aber gesteigert werden (s. ⑨ Adverb): *Die Nachtigall singt* ***schöner*** *als der Sperling. Die rote Rose ist* ***schöner****.*

Attributive Adjektive gehören zu den veränderlichen (flektierbaren) Wortarten und können sowohl gesteigert als auch dekliniert werden (s. Formentabelle, Kapitel 7):
der gute Mann, des guten Mannes, dem guten Mann ...
Mehrere Adjektive vor einem Nomen werden parallel, d.h. auf gleiche Weise, dekliniert:
das schöne hölzerne Pferd, des schönen hölzernen Pferdes, dem schönen hölzernen Pferd ...

Ausnahme:
Farbadjektive (*rot, gelb, grün*) und absolute Adjektive (*rund, einzig, tot*) werden nicht gesteigert!

⑤ **Das Numerale** (Pl.: die Numeralien / Numeralia = Zahlwörter)
Das Numerale gibt eine bestimmte oder unbestimmte Zahl oder Menge an. Numeralia werden manchmal auch als Zahladjektive bezeichnet. Man unterscheidet:

Kardinalzahlen (Grundzahlen):	*null, eins, zwei, drei ... (ein)tausend, eine Million ...*
Ordinalzahlen (Ordnungszahlen):	*erste(r/s), zweite(r/s), dritte(r/s) ...*
Bildung der Ordnungszahlen:	von 4 – 19: Kardinalzahl + *t* + *e(r/s)*
	Ausnahmen: *siebte(r/s), achte(r/s)*
	ab 20: Kardinalzahl + *st* + *e(r/s)*

Zahlen von *eins* bis *zwölf* werden in der Regel ausgeschrieben, es sind aber auch Schreibungen wie *3-mal* oder *3-fach* zulässig.
Zu den Zahlwörtern gehören auch Bruchzahlen (*ein Viertel, ein Achtel*) und Wörter wie:
einfach, zweifach ...; einmal, zweimal ...; einerlei, zweierlei ...; einige, wenige ...

Als Nomen verwendete Grundzahlen schreibt man groß, wenn sie Ziffern bezeichnen:
eine Zwei schreiben; eine Sechs würfeln.

Sonst werden Grundzahlen unter einer Million grundsätzlich klein- und zusammengeschrieben:
Alle drei waren älter als achtzehn. Sie kam um acht. Er fuhr hundertdreißig.

Ausnahme: Wörter wie *dutzend, hundert, tausend* können auch großgeschrieben werden, wenn mit ihnen unbestimmte Mengen angegeben werden:
Es gab Dutzende von Beschwerden. Es kamen Hunderte von Menschen.

⑥ **Das Verb** (Pl.: die Verben = Tätigkeitswörter, Zeitwörter)
Verben werden kleingeschrieben, sofern sie nicht substantiviert sind: *gehen; das Gehen.*

Verben bezeichnen	a) Tätigkeiten / Handlungen:	*Der Hund bellt.*
	b) Vorgänge:	*Das Feuer brennt.*
	c) Zustände:	*Anna besitzt ein Auto.*

Es gibt Vollverben, Hilfsverben und Modalverben.

Vollverben können allein stehen: *Ich sitze. Ich spreche. Ich gehe.*
Neben den einfachen gibt es auch zusammengesetzte Verben: *absagen, auslaufen, zustellen ...*

Zur Bildung verschiedener Zeitstufen (s.u.) und des Passivs dienen die drei **Hilfsverben**: *haben – sein – werden.* Hilfsverben stehen nicht allein, sondern zusammen mit einer weiteren Verbform: *Ich habe gewonnen.*

Die Art und Weise des Geschehens (Modalität) wird durch sechs **Modalverben** ausgedrückt: *dürfen – sollen – müssen – können – mögen – wollen.*
Modalverben stehen ebenfalls zusammen mit einer weiteren Verbform:
Ich darf lernen. Ich soll üben. Ich will schreiben.
Sie können aber auch Vollverben sein: *Ich darf! Ich will!*

Es gibt infinite und finite Verbformen (von lat. *infinitus* = unbestimmt, *finitus* = bestimmt):

Das **infinite (unbestimmte) Verb** gibt weder Person noch Numerus an; es kann nur in wenigen Fällen selbstständig gebraucht werden, z.B. als Imperativ (= Befehlsform): *Einsteigen*! – *Anhalten*!
Infinite Formen sind Infinitiv (= Grundform) und Partizip (= Mittelwort):

Infinitiv (= Grundform des Verbs; endet immer auf –*(e)n*:
lieben, sagen, handeln, sein

Partizip I (Part. Präs.; endet auf *-nd*): *sagend, sprechend, handelnd*
Partizip II (Part. Perf.; beginnt i.d.R. mit *ge-* und endet auf *-t* oder *-en*):
gesagt, gesprochen, gehandelt

Das **finite (bestimmte) Verb** besteht aus Wortstamm und Endung: der Personalform; diese wird vom Subjekt des Satzes, z.B. einer Person, bestimmt.

Die Flexion (Beugung) der Verben bezeichnet man als **Konjugation**.
Personalformen im Präsens (Wortstamm *lieb~*):

(ich) lieb~e	= 1. Pers. Sg.	*(wir) lieb~en*	= 1. Pers. Pl.
(du) lieb~st	= 2. Pers. Sg.	*(ihr) lieb~t*	= 2. Pers. Pl.
(er) lieb~t	= 3. Pers. Sg.	*(sie) lieb~en*	= 3. Pers. Pl.

Jede finite (= konjugierte) Form (mit Personalendung) enthält fünf Informationen:

1. Person (1., 2., 3. Person):	*ich / wir* oder *du / ihr* oder *er, sie, es / sie*
2. Numerus (Singular oder Plural):	*ich, du, er, sie, es* oder *wir, ihr, sie*

3. Tempus (Zeit / Zeitformen): Präsens bis Futur II (s.u.)
4. Modus (Aussageweise): Indikativ oder Konjunktiv oder Imperativ (s.u.)
5. Genus Verbi (Handlungsrichtung): Aktiv oder Passiv (s.u.)

(du) spielst:	2. Pers. Sg. Präs. Ind. Aktiv
(sie) spielten:	3. Pers. Pl. Prät. Ind. Aktiv

Das **Tempus** (Pl. Tempora = grammatische Zeiten oder Zeitformen des Verbs):
Um ein Geschehen zu erzählen, gibt es

drei Zeitstufen und	sechs Zeitformen:	
in der Gegenwart:	Präsens	*ich liebe, ich laufe*
in der Vergangenheit:	Präteritum (= Imperfekt)	*ich liebte, ich lief*
	Perfekt	*ich habe geliebt, ich bin gelaufen*
	Plusquamperfekt	*ich hatte geliebt, ich war gelaufen*
in der Zukunft:	Futur I	*ich werde lieben, ich werde laufen*
	Futur II	*ich werde geliebt haben*
		ich werde gelaufen sein

Präsens und Präteritum sind einfache; alle anderen zusammengesetzte Zeitformen.

Perfekt:	vorbei, aber mit Auswirkungen auf die Gegenwart (vollendete Gegenwart)
Plusquamperfekt:	liegt weit zurück in der Vergangenheit (vollendete Vergangenheit oder Vorvergangenheit)
Futur I + Futur II:	bei Vermutungen oder Voraussagen; beide werden selten verwendet

In Bezug auf den **Modus** (Aussageweise des Verbs) unterscheidet man:
Indikativ (Wirklichkeitsform = Realis): *Ich* ***lese****. Anna* ***tanzt****.*

Konjunktiv (Möglichkeitsform):
Der Konj. I wird v.a. in der indirekten Rede verwendet und mit Formen wie *sei* oder *habe* gebildet (vgl. Kapitel 6.7): *Sie behauptet, sie* ***habe*** *sich beeilt.*

Der Konj. II wird bei starken Verben durch Umlaut gebildet:
ich fuhr, du fuhrst (Ind. Prät.) → *ich führe, du führest* (Konj. II)
[Konj. I: *er fahre*]

Bei schwachen Verben stimmen Ind. Prät. und Konj. II überein:
ich redete, du redetest (Ind. Prät.) → *ich redete, du redetest* (Konj. II)
[Konj. I: *er rede*]

Der Konj. II wird häufig mit *wäre*, *hätte* oder *würde* gebildet und verwendet, um

a) eine Vermutung, einen Wunsch oder eine Möglichkeit auszudrücken (= Potentialis):
Wenn alle mit anpacken, ***wäre*** *es zu schaffen!* ***Könnten*** *Sie nicht ein wenig eher kommen?*

b) etwas Unmögliches bzw. Unwirkliches auszudrücken (= Irrealis):
Wenn ich fliegen ***könnte, flög'*** *ich nach Afrika.* ***Wäre*** *ich ein Wal,* ***würde*** *ich lange tauchen.*

Der **Imperativ** (Befehlsform) drückt einen Wunsch, eine Bitte oder eine Aufforderung aus. Die Einzahl (Sg.) wird i.d.R. mit dem Wortstamm, also dem endungslosen Infinitiv, gebildet: *Komm! Geh!*; es gibt auch unregelmäßige Formen. In der Mehrzahl (Pl.) wird ein *-t* an den Wortstamm angehängt: *Kommt! Geht!*

Lauf schnell zum Nachbarn! Lass das! Gib mir bitte eine Antwort!

Rennt nicht so schnell! Lasst mich rein! Gebt nicht so an!

Das **Genus Verbi** ist die Handlungsrichtung des Verbs, also **Aktiv** (*fahren*) oder **Passiv** (*gefahren werden*).

Das Aktiv (sog. Tat- bzw. Tätigkeitsform; von lat. *agere*: machen, tun) ist eine Verbform, die ein Geschehen vom Satzsubjekt her ausdrückt: *Ich fahre gern Fahrrad.*

Das Passiv (sog. Leideform; von lat. *pati*: leiden, dulden) ist eine Verbform, die ausdrückt, was mit dem Satzsubjekt geschieht (Vorgangspassiv) bzw. geschehen ist (Zustandspassiv). Das Passiv hat nur zusammengesetzte Formen; es hat immer einen Bestandteil mehr als das Aktiv.

Das Vorgangspassiv wird im Deutschen mit einer finiten Form des Hilfsverbs *werden* und dem Partizip II gebildet. Es gibt an, was mit dem Subjekt geschieht:
Du wirst getragen. Ich wurde gelobt.

Das Zustandspassiv wird aus einer finiten Form des Hilfsverbs *sein* und dem Partizip II gebildet. Es gibt einen Zustand des Subjekts an, nachdem etwas mit ihm gemacht wurde:
Die Tür ist verschlossen. Die Straße war gesperrt.

Intransitive Verben stehen ohne Akk.-Obj.; s. S. 43. Sie können – im Gegensatz zu transitiven Verben, die ein Akkusativ-Objekt bei sich haben – kein persönliches Passiv bilden: *blühen, rennen, wachsen* [nicht möglich: *ich werde geblüht*].
Das Akkusativ-Objekt der transitiven Verben wird bei der Umwandlung ins Passiv zum Subjekt:
Der Hund beißt das Kind. – Das Kind wird vom Hund gebissen.

Um eine bestimmte Verbform richtig zu bilden, muss man die **Stammformen** kennen. Sie enthalten drei Informationen: Infinitiv, 1. Pers. Präteritum, Partizip II

Im Deutschen kann man schwache (regelmäßige), starke (unregelmäßige) und gemischte Verben unterscheiden:

1. Bei **schwachen Verben** ändert sich der Stammvokal nicht; Präteritum und Partizip II haben die Endung *-t(e)*:

Inf.	1. Pers. Prät.	Partizip II
spielen	*ich spielte*	*gespielt*
loben	*ich lobte*	*gelobt*

2. Bei **starken Verben** wird der Stammvokal verändert. Dies bezeichnet man als **Ablaut**. Ablaut ist der regelmäßige Wechsel des Stammvokals im Wortstamm eines starken Verbs. Das Partizip II endet hier auf *-en*:

Inf.	1. Pers. Prät.	Partizip II
sprechen	*ich sprach*	*gesprochen*
rufen	*ich rief*	*gerufen*

3. **Gemischte Verben** haben zwei verschiedene Stammvokale und die Endungen der schwachen Verben:

Inf.	1. Pers. Prät.	Partizip II
rennen	*ich rannte*	*gerannt*
nennen	*ich nannte*	*genannt*

Das Partizip (Pl.: die Partizipien = Mittelwörter)
Partizipien weisen Merkmale von Verb und Adjektiv auf.
Man unterscheidet Partizip Präsens (I) und Partizip Perfekt (II):

Das **Partizip I** endet auf *-nd*: *sehend, hörend, fühlend*
Es ist immer aktivisch und wird verwendet:

- adjektivisch: *mit lachenden Augen*, *mit zitternden Händen*
- substantivisch: *der Reisende*, *die Suchenden*
- adverbial: *Fluchend ging er davon.*

Das **Partizip II** beginnt i.d.R. mit *ge-* und endet auf *-en* (starke Verben) oder *-t* (schwache und gemischte Verben): *gefroren*, *gerannt*, *geregnet ...*
In einigen Fällen hat das Partizip II auch eine andere Vorsilbe: (*hat*) *vergessen, begraben, erraten ...*

3.4.2 Unveränderliche Wortarten (= die Partikeln; Sg.: die Partikel)

⑦ **Die Konjunktion** (Pl.: die Konjunktionen = Bindewörter)

Die Konjunktion verbindet Wörter, Wortgruppen oder Sätze (a) oder leitet einen Nebensatz ein und stellt so eine Sinnverbindung zum Hauptsatz her (b).

a) Gleich- bzw. nebenordnende Konjunktionen verbinden gleichwertige Wörter, Wortgruppen oder Sätze (z.B. zwei Hauptsätze → HS + HS). Hierzu gehören u.a.:
und*, sowohl ... als auch* (aneinanderreihend = kopulativ);
oder*, entweder ... oder* (ausschließend = disjunktiv);
denn, *deshalb* (begründend = kausal); *obwohl* (einräumend = konzessiv)
aber*, dennoch, trotzdem, jedoch, sondern* (gegensätzlich = adversativ)

b) Unterordnende Konjunktionen verbinden Nebensätze mit dem übergeordneten Hauptsatz (→ HS + NS). Sie werden manchmal auch *Subjunktionen* genannt (vgl. Kapitel 4.2), z.B.:
dass, ob (diese Konjunktionen sind ohne inhaltliche Bedeutung bzw. folgend = konsekutiv);
weil, da (begründend = kausal); *indem* (die Art und Weise bezeichnend = modal);
wenn, falls (bedingend = konditional); *während, als, nachdem* (zeitlich = temporal);
obwohl*, obgleich, wenn auch* (einräumend = konzessiv); *damit* (den Zweck angebend = final)

⑧ **Die Präposition** (Pl.: die Präpositionen = Verhältniswörter)

Die Präposition steht oft vor (lat. *prae*) Nomen (Substantiven). Sie drückt das lokale, temporale, modale oder kausale Verhältnis aus, in dem das Nomen mit anderen Wörtern steht:
*Das Buch liegt **auf** dem Tisch.*

Präpositionen bestimmen den Kasus des folgenden Nomens bzw. Pronomens:

Zu Nomen im	Nominativ	tritt nie eine Präposition.
Präpositionen mit	Genitiv:	*während, wegen, infolge, statt, trotz*
	Dativ:	*mit, nach, bei, seit, von, zu, aus, außer, entgegen, gegenüber*
	Akkusativ:	*durch, für, ohne, um, gegen, wider*
	Dativ oder Akk.:	*in, an, auf, hinter, vor, über, unter, neben, zwischen*

Manche Präpositionen werden mit dem bestimmten Artikel zusammengezogen:
auf + das = aufs; an + dem = am; zu + dem = zum; in + das = ins ...

⑨ **Das Adverb** (Pl.: die Adverbien = Umstandswörter)

Das Adverb steht in der Regel bei einem Verb (lat.: *ad verbum*). Es drückt genauer aus, unter welchen Umständen etwas so ist oder geschieht (wo, wie, wann, warum).
Die Unterteilung der Adverbien – z.B. die Unterscheidung von Interrogativadverb und Relativadverb – ist nicht immer zweifelsfrei möglich und selbst unter Fachleuten umstritten.

Lokaladverbien (Ort: wo, wohin, woher?):
hier, nirgends, drinnen, bergab ... — *Der Bus hält **hier**.*

Temporaladverbien (Zeit: wann, warum, wie lange, seit wann, wie oft?):
heute, jüngst, oft, bald, niemals, bereits ... — *Ich gehe **heute** zum Fußball.*

Modaladverbien (Art und Weise: wie, wie sehr?):
sehr, überhaupt, wohl, also, keineswegs, gern ... — *Er mag sie **sehr.***

Kausaladverbien (Grund: wozu, womit, warum, weshalb, wodurch, wieso?):
dafür, also, warum, weshalb ... — *Ich brauche **dafür** kein Abitur.*

Relativadverbien (leiten Relativsätze ein: woher, wohin?):
wo, woher, wohin ... — *Es gibt Orte, **wo** Ruhe herrscht.*

Interrogativadverbien (leiten Fragesätze ein: wo, wie, womit?):
wo, wie, womit, warum ... — ***Wo** kommst du her?*

Nur wenige Adverbien können auch gesteigert werden (Komparation):

Positiv (Grundform):	*wohl*	*oft*	*gern*	*bald*
Komparativ (Vergleichsstufe):	*besser*	*öfter*	*lieber*	*eher*
Superlativ (Höchststufe):	*am besten*	*häufigsten*	*liebsten*	*ehesten*

⑩ **Die Interjektion** (Pl.: die Interjektionen = Ausrufe, Empfindungswörter)

Empfindungen werden durch Interjektionen ausgedrückt, sie werden oft wie ganze Sätze verwendet: *Oh! Ach! Aua! Hurra! Hallo! Ätsch! Pfui! Brrr! Hm! Pst! Jau, jau! ...*

4. Satzlehre (Syntax)

4.1 Satzglieder und Satzgliedteile

Satzglieder sind Satzteile, die innerhalb eines Satzes umstellbar sind. Durch die Umstellprobe kann man nicht nur herausfinden, welcher Satz am besten klingt oder passt, sondern auch, welche Wortgruppen ein Satzglied (einen Block) bilden. Man unterscheidet:

4.1.1 Subjekt

Subjekt [von lat. *subicere = zugrunde liegen*]:	Satzgegenstand ***Ich*** *liebe dich.*

Das Subjekt steht im Nominativ. Frage: Wer oder was?
Subjekte können sein: Nomen, Personalpronomen, substantivierte Wortarten, Gliedsätze.

4.1.2 Prädikat

Prädikat [von lat. *praedicare = bekannt machen*]: Satzaussage (Satzkern; eine Verbform)
*Du **liebst** mich.*

Das Prädikat gibt die Handlung an und steht im Aussagesatz an zweiter Stelle; alle anderen Satzteile sind austauschbar. Subjekt und Prädikat stehen immer im gleichen Numerus (Sg./ Pl.).
Es gibt auch mehrteilige, zusammengesetzte Prädikate (Prädikatsklammer):
*Sie **hat** ihn **geliebt**.*

Fragen: Was macht das Subjekt? Was geschieht mit dem Subjekt?
Was wird über das Subjekt ausgesagt?

Das **Prädikativum** ist eine Sonderform des Prädikats, mit der eine *Gleichsetzung* bezeichnet wird, die sich auf das Subjekt bezieht (andere Fachbegriffe hierfür sind *Gleichsetzungsnominativ* oder *Prädikatsnomen*). Zur Gleichsetzung dienen die Hilfsverben *sein* und *werden*, die in dieser Funktion auch als *Kopula* (= Band) bezeichnet werden; seltener Verben wie *bleiben; heißen; scheinen.* Das Prädikativum kann aus verschiedenen Wortarten (Nomen, Pronomen, Eigenname, Adjektiv) oder mit einem Vergleichspartikel (*als, wie*) gebildet werden.

Beispiele: *Fritz ist Bäcker. Sie sind gesund. Ich werde Clown. Du bleibst König. Er heißt Max.*
Sie bleibt sie (selbst). Anna ist größer als Miriam.

4.1.3 Objekt

Objekt [von lat. *obicere = entgegenwerfen*]: Satzergänzung (wird vom Prädikat bestimmt und ist *unmittelbar* vom Verb abhängig) *Er liebt **dich**.*

Das Objekt gibt das Ziel der Handlung an. Man unterscheidet folgende Objekte:
Genitivobjekt (Wessen?): *Wir gedenken **der Toten**.*
Dativobjekt (Wem?): *Ich antworte **der Lehrerin**.*
Akkusativobjekt (Wen oder was?): *Wir lieben **unsere Mutter**.*
→ Bestimmung mit der Kasusfrage: Welchen Kasus verlangt das Objekt?

Präpositionales Objekt (immer mit einer *bestimmten Präposition*, welche vom übergeordneten Verb oder Adjektiv abhängig ist):
*Ich kümmere mich **um die Großmutter**.*

4.1.4 Adverbial

Adverbial(e) [von lat. *adverbialis = umstandswörtlich*]: Umstandsbestimmung bzw. adverbiale Bestimmung (Pl. Adverbialia)
*Ich liebe dich **immer**.*

Alles, was nicht Subjekt, Prädikat oder Objekt ist!

Adverbialia sind *nicht unmittelbar* vom Verb abhängig und geben die näheren Umstände eines Geschehens oder einer Handlung an. Sie können auch mit einer *Präposition* gebildet werden, welche jedoch austauschbar ist: *Er wartet* ***vor / in / hinter dem Haus***.

Das Adverbiale kann aus verschiedenen Wortarten bzw. Wortgruppen bestehen (Adjektiv, Adverb oder Nomen in allen Fällen; vgl. auch Kapitel 4.2: Adverbialsatz).

Man unterscheidet adverbiale Bestimmungen

- der Zeit (temporal; Frage: Wann?) — *Der Ausflug findet* ***morgen*** *statt.*
- des Ortes (lokal; Frage: Wo?) — *Simon geht* ***in Bonn*** *zur Schule.*
- des Grundes (kausal; Frage: Warum?) — ***Wegen seines Fiebers*** *blieb er zu Hause.*
- der Art und Weise (modal; Frage: Wie?) — *Sie machte* ***konzentriert*** *ihre Arbeit.*

Beachte:
Konjunktionen (Bindewörter) und Negationen (Verneinungen) können keinem Satzglied zugeordnet werden.

4.1.5 Attribut

Das **Attribut** [von lat. *attribuere = beifügen*] ist eine Beifügung zu einem Nomen und deshalb kein eigenes Satzglied, sondern **Teil eines Satzgliedes**.
Es ist vom Adverbiale dadurch zu unterscheiden, dass es sich bei der Umstellprobe immer mit dem Wort zusammen bewegt, dessen Bedeutungsinhalt es näher bestimmt oder erweitert. Es kann ermittelt werden mit der Frage: Was für ein(e/r)?

Arten des Attributs

1. Adjektivisches Attribut:	*Die **lebhaften** Kinder spielen.* *Die **alten** Ziegen meckerten.*
2. Genitivattribut:	*Ich liebte die Tochter **des Lehrers**.* *Die Hunde **der Nachbarn** bellen.*
3. Pronominales Attribut:	***Mein** Kind malt gern. Ich folge **meinem** Hund.*
4. Präpositionales Attribut:	*Das Haus **an der Tulpenstraße** ist schön.*
5. Numerale als Attribut:	***Sieben** Zwerge kamen zu Schneewittchen.*
6. Relativsatz als Attribut:	*Ich spiele mit dem Jungen, **der groß ist**.*

7. Adverb als Attribut:
   - temporal — *Die Musikstunde* ***gestern*** *war schön.*
   - lokal — *Die Fabrik* ***dort*** *produziert Glas.*
   - modal — *Das* ***kaum*** *Erhoffte trat ein.*
8. Infinitiv mit *zu*: — *Die Fähigkeit* ***zu warten*** *besaß er nicht.*
9. Apposition (Beisatz): — *Max,* ***unser bester Spieler****, ist krank.*
   Karl, ***der Kühle****, hat Husten.*
   Amadeus, ***mein Liebling****, schläft im Unterricht.*

Die Apposition ist kein Gliedsatz, da ihr das Prädikat fehlt. Sie steht immer hinter dem Bezugswort (im gleichen Kasus) und wird durch Kommata abgetrennt.

4.2 Satzarten

Bei der Analyse des Satzbaus untersucht man die verschiedenen Verbindungsarten von Haupt- und Nebensätzen in Texten. Nebensätze, die Satzglieder vertreten, heißen auch Gliedsätze.

Hauptsatz (HS): Satz, der allein stehen kann (also wenigstens Subjekt und Prädikat enthält). Man unterscheidet Aussage-, Frage- und Ausrufesatz (vgl. die entsprechenden Satzzeichen.). Im Aussagesatz steht die Personalform des Verbs immer an zweiter (Satzglied-)Stelle.

Nebensatz (NS) / **Gliedsatz** (GS): Satz, der nicht allein stehen kann, da er sonst unvollständig wäre. Ein Nebensatz wird durch Konjunktion, Relativpronomen oder Adverb eingeleitet und endet mit der Personalform des Verbs. Hauptsatz und Nebensatz werden immer durch Komma getrennt.

Satzreihe = Hauptsatz + Hauptsatz → Parataxe: einfache Sätze:
Opa hatte sich einen Hund gekauft, er wollte nicht mehr so allein sein.

Satzgefüge = Hauptsatz + Gliedsatz oder Gliedsatz + Hauptsatz
→ Hypotaxe: komplexe, verschachtelte Sätze:
Opa hatte sich, nachdem Oma gestorben war, einen Hund gekauft, weil er nicht mehr so allein sein wollte.

Gliedsätze sind Nebensätze, die Satzglieder ersetzen (vgl. Kap. 4.1); sie werden oft durch unterordnende Konjunktionen eingeleitet (vgl. S. 37).
Man unterscheidet:

1. Subjektsatz (selten):
   Dass du mich anrufst*, freut mich sehr.* (= *Dein Anruf freut mich sehr.*)
   Ob er kommt*, ist mir schleierhaft.*

2. Prädikativsatz (hier z.B. Attributsatz; selten):
   Sie war, ***wie ich es mir erträumt hatte****.* (= *Sie war meine Traumfrau.*)
   Das war zu der Zeit, ***als es noch keinen Strom gab.***

3. Objektsatz (wird oft mit *dass* eingeleitet):
   Sie war erstaunt, ***dass er lächelte****.* (= *Sie war erstaunt über sein Lächeln.)*
   Er bat mich, ***ihm die Aufgabe zu erklären****.*

Subjekt- und Objektsätze werden auch als Inhaltssätze bezeichnet, weil sie den Inhalt dessen angeben, was jemand sagt, denkt, hofft usw.

4. Adverbialsatz (= konjunktionaler Nebensatz; vgl. Kap. 4.1: Adverbiale):
Er kam auf mich zu, ***als er mich grüßte.*** (= *Er kam grüßend auf mich zu.*)
Sie sangen laut, ***weil sie sich fürchteten.*** Man unterscheidet:

Satzart:	Konjunktion:	Frage:
Temporalsatz (Zeit):	*während, wenn, als*	Wann, wie oft, wie lange?

Er grübelte, ***während er seine Hausaufgaben machte.***

Lokalsatz (Ort):	*wo, wohin, woher*	Wo, wohin?

Ich fragte ihn, ***wo er seine Aufgaben machen wolle.***

Kausalsatz (Grund):	*weil, denn*	Warum, weshalb?

Ich bin froh, ***weil er mir hilft.***

Modalsatz (Art und Weise):	*indem; dadurch, dass*	Wie?

Meine Schwester half mir, ***ohne dass es jemand bemerkte.***

Instrumentalsatz (Mittel):	*indem; dadurch, dass*	Womit, wodurch?

Er half ihr, ***indem er alles mit dem Taschenrechner nachrechnete.***

Satzart:	Konjunktion:	Frage:
Finalsatz (Zweck):	*damit, sodass*	Wozu?
Meine Eltern helfen mir, ***damit ich versetzt werde****.*		
Konsekutivsatz (Folge):	*sodass, dass*	Mit welcher Wirkung?
Sie halfen alle mit, ***sodass er es schaffte****.*		
Konzessivsatz (Einräumung):	*obwohl*	Trotz welchen Umstands?
Sophia half ihrem Bruder, ***obwohl sie krank war****.*		
Konditionalsatz (Bedingung):	*wenn, sofern, falls*	Unter welcher Bedingung?
Ich schenke dir einen Apfel, ***wenn du mir hilfst****.*		

Relativsätze sind Nebensätze, die durch ein Relativpronomen oder ein Relativadverb nach dem Komma eingeleitet werden (vgl. S. 26 und 39).
Sie suchte das Kind, ***das sich verlaufen hatte****.*
Ich frage mich, ***wohin das führen soll****.*

5. Zeichensetzung (Interpunktion)

5.1 Komma-Regeln

Das **Komma** (= Beistrich; Pl. Kommata, Kommas) ist ein Gliederungszeichen und hat im Deutschen in erster Linie die Aufgabe, den Satz grammatisch zu gliedern (grammatisches Prinzip). Daneben dient es dem ursprünglichen Zweck der Satzzeichen, die beim Sprechen entstehenden Pausen anzugeben (rhetorisches Prinzip; Rhetorik = Redekunst). Das Problem ist, dass sich beide Prinzipien nicht immer in Übereinstimmung bringen lassen und nicht alle Fälle eindeutig zu bestimmen sind. Deshalb haben Schreibende bei der Kommasetzung einen gewissen Freiraum.

Dieser Spielraum wird durch sog. *Kann-Regeln* (man kann ein Komma setzen oder es bleiben lassen) für denjenigen, der die Regeln vermitteln soll, zum Problem. Um die Anzahl der Regeln zu beschränken, bemüht sich diese Grammatik um klare Formulierungen und geht nicht auf alle Fälle ein, in denen das Setzen des Kommas freigestellt ist. Eine stärkere Trennung bringt man mit dem Semikolon (; = Strichpunkt) zum Ausdruck. Es gelten die gleichen Regeln.

1. Das Komma steht zwischen Sätzen. Es ist dabei gleichgültig, ob es sich hierbei um Haupt- oder Nebensätze handelt; es müssen nur Sätze sein, d.h. sie müssen Subjekt und Prädikat enthalten.
   Wie man sich bettet, so schläft man. Hunde, die bellen, beißen nicht.
   Das Komma steht auch zwischen unvollständigen Sätzen:
   Ende gut, alles gut.

Das Komma trennt:

- nebengeordnete selbstständige Hauptsätze.
  Das Gemurmel wird leiser, der Vorhang öffnet sich, das Schauspiel beginnt.
- Haupt- und Gliedsätze (Nebensätze).
  Wenn es möglich ist, erledigen wir das sofort.
- Nebensätze gleichen und verschiedenen Grades.
  Wenn es wahr ist, wenn du wirklich sicher bist, dann ist nichts zu ändern.
  Das Konzert fällt aus, wenn nicht klar ist, wer es finanziert.
- selbstständige Sätze, die ineinandergeschoben sind (sog. paarige Kommas).
  Eines Tages, es war mitten im Sommer, stand ein Huhn in unserem Garten.
- den Partizipialsatz (vgl. folgende Kommaregel).
  Ihrem Beispiel folgend, geht sie jetzt nach Afrika.

Ausnahme:
Zwischen Haupt- oder Nebensätzen sowie Wörtern, die durch die Konjunktion *und* oder *oder* verbunden sind, steht i.d.R. kein Komma.
Dies gilt auch für die Konjunktionen *als, wie, sowie, bzw., sowohl – als auch, weder – noch, entweder – oder.*
Es wurde immer kälter(,) ***und*** *die Ärmsten suchten eine Bleibe.*
Ihr wartet (,) ***oder*** *ihr fahrt vor! Der Kelch war innen* ***wie*** *außen vergoldet.*

2. Die Infinitiv- oder Partizipgruppe wird durch Komma abgetrennt, wenn sie:

– durch ein hinweisendes Wort oder eine Wortgruppe angekündigt wird.
  Darüber, sofort zum Arzt zu gehen, dachte er lange nach.

– wieder aufgenommen wird.
  Bald nach Hause zu gehen, das war sein größter Wunsch.

– aus der üblichen Satzstruktur herausfällt (durch Zusätze, Erläuterungen).
  Sie, um dem Treiben ein Ende zu bereiten, schaltete die Stereo-Anlage ab.

– mit *als, statt, anstatt, außer, ohne* oder *um* eingeleitet wird.
  Nichts bildet mehr, als Goethe zu lesen.

3. Das Komma *kann* Infinitiv- und Partizipgruppen abtrennen, um die Satzgliederung zu verdeutlichen oder Missverständnisse auszuschließen.
   Sie empfehlen(,) ihm zu vertrauen. Das ist(,) grob gerechnet(,) ein Viertel.

   Vor dem einfachen Infinitiv mit bloßem *zu* steht i.d.R. *kein* Komma.
   Es war sinnlos zu warten. Er weigerte sich zu gehen.

   Ist der erweiterte Infinitiv mit dem Hauptsatz verschränkt, steht kein Komma.
   Dieses Geschehen wollten sie nun aufzuklären helfen.

4. Das Komma trennt die Glieder einer Aufzählung, die nicht durch *und* oder *oder* verbunden sind.
   Sonne, Mond und Sterne.
   Alles dampft, qualmt, brodelt.

   Ausnahme: Wenn man (bei nicht gleichrangigen Adjektiven) weder *und* noch *oder* einsetzen kann, steht auch kein Komma.
   Der Raumfahrt verdanken wir wichtige wissenschaftliche Erkenntnisse.

5. Das Komma steht vor *sondern, aber* und anderen entgegensetzenden oder einschränkenden Konjunktionen wie *jedoch, vielmehr, allerdings, andererseits*.
   Die Frau war nicht klein, sondern groß. Ich bin zwar jung, aber nicht dumm.

6. Das Komma trennt die nachgestellte genauere Bestimmung (= Beisatz, Apposition) und nachgestellte bzw. eingeschobene Erläuterungen ab (z.B. Nomen, Adjektive, Attribute).
   Diese werden i.d.R. eingeleitet durch
   und zwar, und das, das heißt (d.h.), z.B., wie, nämlich, namentlich, insbesondere.
   Diese Einleitungen können fehlen, aber jederzeit ergänzt werden.
   Ich interessiere mich sehr für Musik, (und zwar) besonders für Soul-Musik.
   Sie liest viel, v.a. Krimis. Der Mai, sonnig und warm, erfreut uns.
   Gottlieb Nimmersatt, (das ist) der Erfinder der Brotsuppe, starb 1717.

   Ausnahme: Nachgestellte Zusätze werden nur dann nicht abgetrennt, wenn sie fester Bestandteil eines Namens sind.
   Karl der Große und Heinrich der Löwe herrschten mit absoluter Macht.

7. Mehrteilige Datums- und Zeitangaben sowie mehrteilige Wohnungs- oder Literaturangaben werden durch Komma getrennt.
   Berlin, den 08.05.1945
   Die Sitzung beginnt am Montag, dem 11.11.11, um 11.11 Uhr, im Rathaus.
   Ich zitiere aus Goethes „Faust“, I. Akt, I. Szene, den großen Faustmonolog.
   Beachte: Das letzte Komma kann auch weggelassen werden!

8. Die Anrede wird durch Komma getrennt.
   Guten Tag, Herr Hotzenplotz! Kunigunde, komm' mal schnell!

9. Interjektion (Ausruf, Empfindung) und Hervorhebung (bzw. herausgehobene Satzteile) werden durch Komma abgetrennt, um sie zu betonen oder auf sie zurückzuverweisen.
   Oh, welch' günstige Gelegenheit! Ach, das war wohl doch nichts!
   Das Grillfest, es war wunderbar! Beim Kochkurs, da hatte ich viel Spaß!

5.2 Anführungszeichen bei wörtlicher Rede

1. Anführungszeichen stehen vor und hinter wörtlich wiedergegebenen Äußerungen und Gedanken (= direkte Rede) sowie wörtlich wiedergegebenen Textstellen (= Zitaten). Bei Textanalysen oder Referaten wird die Quelle im Anschluss an das Zitat in runden Klammern angegeben (s. Beispiele).
   Wird die direkte Rede unterbrochen, werden die einzelnen Teile in Anführungszeichen gesetzt. Der eingeschobene Redebegleitsatz wird in Kommata eingeschlossen; anschließend wird klein weitergeschrieben.
   Kafkas berühmte Parabel beginnt mit dem Satz: „Vor dem Gesetz steht ein Türhüter." (Z. 1)
   Am Ende meint der alte Briest, das sei „ein zu *weites Feld" (S. 337).*
   „In der Schule ist es so schön", jubelte sie, „ich würde gern länger bleiben!"

2. Der vorangestellte (übergeordnete) Begleitsatz schließt mit einem Doppelpunkt; das erste Wort der wörtlichen Rede wird großgeschrieben. Treffen Frage- oder Ausrufezeichen mit einem Anführungszeichen zusammen, so stehen sie vor dem zweiten Anführungszeichen, wenn sie zur wörtlichen Rede gehören.
   Er fragte: „Wo geht es nach Timbuktu?“
   „In der Schule ist es wunderbar!“, rief er. „Ich komme morgen wieder!“

3. Der wörtlich wiedergegebene Satz verliert seinen Schlusspunkt, wenn er dem (übergeordneten) Redebegleitsatz vorangestellt ist. Der nachgestellte Begleitsatz wird durch Komma von der wörtlichen Rede abgetrennt. Folgt der wörtliche Text dem Begleitsatz, steht nach dem letzten Anführungszeichen kein Punkt mehr (vgl. 1. und 2.).
   „Wir gehen ins Theater“, sagte sie.
   „He, Jim“, brüllte Bob, „steh’ gefälligst auf!“

4. Treffen Punkt, Frage- oder Ausrufezeichen mit Anführungszeichen zusammen, stehen sie nach dem zweiten Anführungszeichen, wenn sie zum Begleitsatz gehören. Auch der Begleitsatz kann mit einem Frage- oder Ausrufezeichen enden.
   Wer kennt „Harry Potter“?
   Die beste Silvester-Sendung ist „Dinner for One“!

5. Eine Anführung innerhalb einer Anführung bzw. ein Zitat im Zitat wird durch halbe Anführungszeichen gekennzeichnet (vgl. 4.).
   „Schreibt man ‚Rhetorik' mit oder ohne ‚h'?", überlegte der Schüler laut.
   „Wer kennt die ‚Sendung mit der Maus'?", fragte die Erzieherin.

6. Wenn nach einem Frage- oder Ausrufesatz in der wörtlichen Rede der Begleitsatz folgt oder weitergeführt wird, setzt man immer ein Komma nach dem zweiten Anführungszeichen; der nachgestellte Begleitsatz beginnt mit Kleinbuchstaben.
   „Ist das nicht prima?", rief er.
   Als er flüsterte: „Ich liebe dich!", wurde ich rot.

7. Anführungszeichen können vor und hinter Wörtern und Textteilen stehen, die hervorgehoben werden sollen (z.B. Sprichwörter, Titel, Namen, Ironie).
   „Der Zauberberg" ist ein Roman von Thomas Mann.
   2002 wurde Deutschland „nur" Vizeweltmeister.

6. Rechtschreibung (Orthografie)

Rechtschreibung

Delfine schwimmen schnell und leis'
(man schreibt sie mit »ph« – ich weiß;
doch schreibt man ja auch Tele»f«on,
und das bereits seit langem schon) –
sie schwimmen (wie gesagt, mit »f«) –
sie schwimmen – vorn ihr alter Scheff
(wir schreiben schließlich auch »Schofför«) –
sie schwimmen also durch das Meer.

Was heißt durchs »Meer«? – Sogar durch »Meere«!
Und manche altgediente Mähre,
wie überhaupt so manches Ferd
(mit »V« wär es total verkehrt)
glaubt, es sei schnell wie ein Delphien!
(Das zweite »e« ist schlecht für ihn.)

Orthogravieh – das sieht man hier –
Ist nicht ganz leicht für Mensch und Tier!

Heinz Erhardt (1909-1979)

6.1 Worttrennung (nach Silben)

1. Nach Möglichkeit sollte man überhaupt nicht trennen!
2. Einsilbige Wörter werden nicht getrennt: *Hund, Haus, Hof*
3. Zusammengesetzte Wörter trennt man an der Wortgrenze: *Wort-grenze, Wasser-eimer*
4. Vor- und Nachsilben kann man abtrennen: *Vor-silbe, ent-stehen, Einig-keit*
5. Einfache Wörter trennt man nach Silben: *ein-fach, Wör-ter*
6. Bei Konsonanten trennt man zwischen ihnen: *Bag-ger, fin-den*
7. Bei mehr als zwei Konsonanten in nicht zusammengesetzten Wörtern trennt man den letzten Konsonanten ab: *knirsch-ten, stamp-fen*
8. Auch st kann getrennt werden: *Wes-te, Kas-ten*
9. *ck* bleibt *ck* und kommt in die nächste Zeile: *Zu-cker, Ba-cke*
10. *sch, ch, ph* trennt man nicht, wenn sie zu einem Wort gehören: *Fla-sche, Wei-che, Meta-pher*
11. Einzelvokale werden nicht getrennt: *aber, Ufer, Ofen, Kleie*
12. Trennungen, die beim Lesen stören, sollten vermieden werden: *be-inhalten* (nicht: *bein-halten*), *Spar-gelder* (nicht: *Spargel-der*)
13. Fremdwörtertrennung ist sowohl nach Herkunft als nach Sprechsilbe möglich:
    Päd-agoge, Pä-da-goge; Heliko-pter, Helikop-ter; Chir-urg, Chi-rurg

6.2 Getrennt- und Zusammenschreibung

Leider sind die Regeln zu diesem Thema nicht immer eindeutig, da häufig Schreibvarianten möglich sind, also Getrennt- oder Zusammenschreibung. In Zweifelsfällen bzw. im Einzelfall kann die korrekte Schreibung in den *Wörterbüchern zur deutschen Rechtschreibung* ermittelt werden.

1. Verbindungen aus Substantiv und Verb werden i.d.R. getrennt geschrieben:
   Schlittschuh laufen, Schlange stehen, Kopfweh haben.
   Ist die Bedeutung des Substantivs verblasst oder hat es seine Eigenständigkeit verloren, wird zusammengeschrieben: *eislaufen, kopfstehen, teilhaben.*

2. Bei Verbindungen aus Adjektiv bzw. Adverb und Verb, die eine übertragene Bedeutung haben, also als *Metapher* verwendet werden, gilt i.d.R. die Zusammenschreibung:
   glattgehen, alleinstehen, zusammenschreiben.

3. Verbindungen aus Verb und Verb werden i.d.R. getrennt geschrieben:
   schreiben lernen, einkaufen fahren. Verben mit *bleiben* oder *lassen* als zweitem Bestandteil können in beiden Varianten geschrieben werden:
   sitzen bleiben – sitzenbleiben; stehen lassen – stehen lassen.

4. Verbindungen aus Partizip und Verb werden i.d.R. getrennt geschrieben: *rasend werden, gefangen nehmen, getrennt schreiben.*

5. Verbindungen aus Präposition und Nomen werden zusammen oder getrennt geschrieben: *anstelle – an Stelle; aufgrund – auf Grund; zurzeit – zur Zeit.*

6. Verbindungen mit *sein* werden – außer bei Substantivierungen (das *Alleinsein*) – immer getrennt geschrieben: *da sein, dabei sein, allein sein, artig sein.*

7. Außer als Konjunktion (*Soviel ich weiß*, ...) werden *so viel* und *so weit* immer getrennt geschrieben: *Es gibt so viel zu tun!*

8. Verbindungen mit *irgend-* werden zusammengeschrieben: *irgendjemand, irgendetwas*.

9. In Buchstaben geschriebene Zahlen bis eine Million werden klein- und zusammengeschrieben: *sechsundachtzig, dreihunderteinundzwanzig*.

10. Merke: *kleinschreiben, großschreiben, zusammenschreiben*. Aber: *getrennt schreiben*!

6.3 Groß- und Kleinschreibung

1. Am Satzanfang schreibt man immer groß.

   Ausnahme: Sätze, die mit Apostroph oder Auslassungspunkten beginnen:
   's ist unglaublich! ... und fertig ist das Mondgesicht!

2. Nomen (Substantive) schreibt man groß; auch Nomen in Verbindung mit einer Präposition oder einem Verb werden i.d.R. großgeschrieben:
   Haus, Hund, Hokuspokus; *in Bezug auf, die Schuld geben, Pleite gehen*

   Ausnahme: Nur in Verbindung mit *sein, bleiben, werden* schreibt man auch klein:
   Mir ist angst. *Sie sind schuld.*

3. Aus Nomen abgeleitete Adverbien, Adjektive, Präpositionen oder Pronomen schreibt man jedoch klein (vgl. 2.):
   samstags, mittags, du bist schuld, dank, kraft, trotz, ein bisschen

4. Substantivierte Wörter werden großgeschrieben; man kann sie oft am Artikel erkennen. Hierzu gehören auch substantivierte Adjektive als Ordinalzahlen (*der Erste, die Nächste*), unbestimmte Zahladjektive (*alles Übrige, nicht das Geringste*) sowie Adjektive in festen Wortverbindungen (*im Allgemeinen, im Folgenden*).

Ausnahme: Kleinschreibung gilt dagegen in festen adverbialen Wendungen aus Präposition und Adjektiv: *über kurz oder lang, durch dick und dünn*
(Ist das Adjektiv dekliniert, kann es aber auch großgeschrieben werden:
von nahem / von Nahem; ohne weiteres / ohne Weiteres)

5. Bezeichnungen für Tageszeiten nach Adverbien wie *gestern, heute, morgen* werden großgeschrieben: *heute Mittag, gestern Abend*

6. Farb- und Sprachbezeichnungen in Verbindung mit Präpositionen werden großgeschrieben:
bei Grün, auf Deutsch, auf Englisch

7. Grundzahlen unter einer Million werden grundsätzlich kleingeschrieben:
Alle drei waren älter als achtzehn. Sie kam um acht. Er fuhr hundertdreißig.
Als Nomen verwendete Grundzahlen schreibt man groß, wenn sie Ziffern bezeichnen:
eine Zwei schreiben, eine Sechs würfeln

8. Paarformeln mit nicht deklinierten Adjektiven werden großgeschrieben (vgl. 4.):
Groß und Klein, Alt und Jung

Bei festen Fügungen aus Adjektiv und Substantiv wird das Adjektiv i.d.R. kleingeschrieben; Großschreibung ist jedoch auch möglich:

das schwarze Brett / das Schwarze Brett; die erste Hilfe / Erste Hilfe

9. In folgenden Fällen wird weiterhin großgeschrieben:

   - bei (geographischen) Eigennamen: *der Ferne Osten, der Stille Ozean*
   - bei Titeln: *Regierender Bürgermeister*
   - bei klassifizierenden Bezeichnungen der Biologie: *Roter Milan, Gemeiner Löwenzahn*
   - bei besonderen Kalendertagen: *Heiliger Abend*
   - bei historischen Ereignissen: *Westfälischer Friede*

10. Geographische Herkunftsbezeichnungen auf *~er* schreibt man groß:
    Holländer Käse, Kölner Dom, Schweizer Bank

11. Die von geographischen Namen abgeleiteten Adjektive auf *~isch* schreibt man klein (außer bei Eigennamen wie *Atlantischer Ozean*; vgl. 10.):
    chinesischer Tee, böhmische Dörfer,
    westfälischer Schinken, italienischer Salat

12. In Briefen schreibt man die Höflichkeitsanrede *Sie* und das entsprechende Possessivpronomen *Ihr* groß; das vertrauliche *du / Du* kann man klein- oder großschreiben.

13. Das erste Wort eines Titels, einer Überschrift oder eines Straßennamens wird großgeschrieben:
Die Weber, Der römische Brunnen, Lange Gasse

14. Mehrteilige (Personen-) Namen werden großgeschrieben (außer Artikel):
Peter der Große, der Alte Fritz, Georg der Erste;
der Kleine Bär, das Römisch-Germanische Museum

15. Ableitungen von Personennamen werden kleingeschrieben:
das ohmsche Gesetz, die mendelschen Regeln
Es ist jedoch auch Großschreibung mit Apostroph möglich:
Mendel'sche Regeln, Grimm'sche Märchen

6.4 Der Apostroph (Auslassungszeichen)

1. Das Auslassungszeichen (= **Apostroph**) steht für fehlende Buchstaben:
- bei Auslassungen im Wortinneren: *D'dorf, Ku'damm, M'gladbach*
- für das fehlende *e* am Wortende: *Gebirg', Näh', Freud', merk'*
- zur Kennzeichnung des Genitiv-*s* bei Namen mit *s, ss, ß, tz, z, x* am Ende: *Hans' Freund, Aristoteles' Werke, Ringelnatz' Gedichte, Marx' Theorie*
- wenn das *e* von *es* wegfällt: *'s gibt Dinge... Gibt's das? Wie geht's?* (auch: *Wie gehts?*)
- für weggelassene Laute am Wortanfang: *So 'n [ein] Blödsinn. Das war 'ne Wucht.*

2. In folgenden Fällen wird **kein Apostroph** gesetzt:
- wenn Präposition und Artikel zusammengezogen sind: *ans (*für: *an das), aufs, ins, übers, am, beim, hinterm, überm, untern, zur ...*
- bei gebräuchlichen Formen wie *hör, lass, leg, heut, gehts*: *Das hör ich auch! Lass das! Leg dich hin. Heut geh' ich tanzen. Wie gehts?*
- vor einem Genitiv-s oder einem Plural-s (bei allen Wörtern, die *nicht* auf *s, ss, ß, tz, z, x* enden; vgl. oben): *jedermanns Sorge, Karls Freund, Dr. Feders Entdeckung, Detlefs Frittenschleuder, Brechts und Goethes Werke, Mannis Manta, Heidis Häkel-Hose, des Lkws, die Lkws*
  Ausnahme: zur Verdeutlichung der Grundform eines Namens:
  Andrea's Anziehladen

6.5 *s*-Laute (auch *dass* – *das*)

Der **stimmhafte *s*-Laut** wird weich gesprochen und immer *s* geschrieben. Er kommt am Anfang eines Wortes oder einer Silbe vor: *Sonne, sehen, Insel, rieselt.*
Der **stimmlose *s*-Laut** im Wortinnern und am Wortende hat verschiedene Schreibungen (*s, ss, ß*): *Hals, Wasser, heiß.*

Die eigentliche Schwierigkeit ergibt sich bei der Schreibung des stimmlosen *s*.
Zwei Merkmale sind dabei wichtig:

1. Die etymologischen Bezüge entscheiden (*Etymologie* = Lehre von der Herkunft und Geschichte der Wörter): *lassen – er ließ es; lesen – lies es*!
2. Die Länge oder Kürze des vorhergehenden Vokals entscheidet: *Füße – Flüsse; Maße – Masse.*

s:
- am Anfang eines Wortes oder einer Silbe (stimmhaftes *s*): *Salz, Pinsel*
- im Wortinnern stimmloses *s* vor Konsonanten: *hasten, fast*
- im Wortinnern stimmhaftes *s* nach langem Vokal oder Diphthong (*au, ei, eu*): *Vase, Reise*
- am Wortende stimmloses *s,* wenn in der Wortverlängerung (Plural, Infinitiv) ein stimmhaftes *s* gesprochen wird: *Kurs – Kurse, reist – reisen*
- am Wortende (ohne Ableitungen): *was, indes, Apfelmus, Zeugnis, As*

Die Endung *-is, -nis, -us, -as* schreib‘ nur mit *s* – merk’ dir das!
Die Endungen werden aber im Plural mit *ss* geschrieben. Ausnahme: *Kompass*.

- **Genitiv-*s*** (zur Kennzeichnung des Genitivs): *des Schülers, eines Abends*
- **Fugen-*s*** (in zusammengesetzten Wörtern): *Schafskopf, Glückstag*

***ss*:** im Wortinnern und am Wortende immer **nach kurzem Vokal** (bzw. zwischen zwei kurzen Vokalen): *Wasser, Rosse, Kuss, Schluss*

***ß*:** im Wortinnern und am Wortende immer **nach langem Vokal oder Diphthong** (Zwielaut): *Maß, Fuß, Ruß, heiß*

***das / dass*:**
Hierbei handelt es sich um zwei völlig verschiedene Worte bzw. Wortarten:
das kann sein: [a] ein bestimmter Artikel vor einem Substantiv oder
[b] Demonstrativpronomen (hinweisendes Fürwort) oder
[c] Relativpronomen, wenn es einen Relativsatz einleitet.
Das Wort *das* ist durch die Pronomen *dieses, jenes* oder *welches* ersetzbar!

dass ist eine [d] Konjunktion, die einen konjunktionalen Gliedsatz einleitet.
Das Wort *dass* ist nicht ersetzbar!

Hast du gestern im Fernsehen das [a] *Basketballspiel gesehen? Ja, das* [b] *um 19.00 Uhr. Das* [b] *im Zweiten, das* [c] *erst später anfing. Ich fand, dass* [d] *es sehr aufregend war.*

6.6 Fremdwörter

Fremdwörter sind Wörter, die aus einer anderen Sprache kommen (direkte Übersetzung):
Portemonnaie (franz.), *Biologie* (griech.)

Lehnwörter sind aus anderen Sprachen entlehnt und an das Deutsche angepasst.
Ihre Herkunft ist oft nicht mehr erkennbar:
Streik (von engl. *strike*), *Münster* (von lat. *monasterium* = Kloster)

Häufig gebrauchte Fremdwörter können sich nach und nach der deutschen Schreibweise angleichen (Integration):
Delfin / Delphin; Jogurt / Joghurt; Foto / Photo

Der weitaus größte Teil der Fremdwörter ist jedoch (noch) *nicht* an die deutsche Schreibung angeglichen und wird unverändert aus der fremden Sprache zitiert. Deshalb – und zur Kennzeichnung als Fremdwort – sollte man *grundsätzlich die ursprüngliche Schreibung verwenden*. Innerhalb eines Textes sollte man auf eine einheitliche Schreibweise achten!

Bei mehrteiligen Nomen und substantivischen Aneinanderreihungen werden das erste Wort und die substantivischen Bestandteile großgeschrieben:
Cordon bleu, Status quo, Perpetuum mobile
Zur besseren Lesbarkeit sollten zusammengesetzte (Fremd-) Wörter mit Bindestrich geschrieben werden:
Do-it-yourself-Programm, No-Future-Generation, Multiple-Choice-Aufgabe

Wissenschaftliche Fachbegriffe sind – zum Zwecke internationaler Verständlichkeit – häufig Neubildungen aus dem Englischen, Griechischen und / oder Lateinischen (z.B. *Transkription*).

Ausnahmen zur Schreibung bei häufigen Fremd- oder Lehnwörtern:

– Dehnung: *Bar, Fön, Dom, Thron, -ine (Apfelsine), -zin (Benzin), -min (Kamin)*

– Schärfung: *Technik, Gitarre, Diktat, Tabak, Doktor, Kaktus, Artikel, Insekt, Rektor, Kapitel, Kamerad, Karikatur, Literatur, Stop* (deutsch auch: *Stopp*)

– *s*-Laute (Sg. / Pl.): *Kompass – Kompasse; Globus – Globen; Zirkus – Zirkusse; Hostess – Hostessen; Omnibus – Omnibusse; Atlas – Atlanten; Prozess – Prozesse; Egoismus – Egoismen; Grimasse – Grimassen; Kongress – Kongresse; Kaktus – Kakteen; Radius – Radien; Kapitalismus; Optimismus; Express; Genius; diffus; konfus*

6.7 Direkte und indirekte Rede

Direkte (= wörtliche) Rede:

Er sagt: „Ich bin gekommen." *Er fragte: „Hast du angerufen?"*

Indirekte (= berichtende) Rede:

Er sagt, er sei gekommen. *Er fragte, ob ich angerufen habe.*

Die **indirekte Rede** steht im Konjunktiv (Möglichkeitsform; Modus Verbi). Man unterscheidet:

Konj. I:	*(dass) er ... sei / habe / komme*
Konj. II:	*(dass) er ... wäre / hätte / käme / kommen würde*

Sowohl Konj. I als auch Konj. II werden in vier Tempora gebildet:

	Konj. I	Konj. II
Präsens:	*ich komme / du kommest / er komme*	*ich käme / du kämest / er käme*
Perfekt:	*ich sei / du seist gekommen*	*ich wäre / du wärst gekommen*
	ich habe / du habest gerufen	*ich hätte / du hättest gerufen*
Futur I:	*ich werde / du werdest kommen*	*ich würde / du würdest kommen*
Futur II:	*ich werde / du werdest gekommen sein*	*ich würde / du würdest gekommen sein*

Der Indikativ der wörtlichen Rede wird in der indirekten Rede durch den Konjunktiv I oder seine Ersatzformen (Konj. II) wiedergegeben:
Der Konj. I unterscheidet sich nur in der 2. und 3. Pers. Sg. und z.T. in der 2. Pers. Pl. von den entsprechenden Formen des Indikativs. Um Verwechslungen zu vermeiden, werden die Formen des Konj. I, die denen des Ind. entsprechen, durch den Konj. II ersetzt.

Also: Steht die direkte Rede im Präsens, dann steht die indirekte Rede im Konj. I.
Aber: Wenn Ind. Präs. und Konj. I übereinstimmen, wird Konj. II als Ersatz verwendet.

Direkte Rede:	*Er sagte: „Meine Großeltern kommen morgen."*	(Ind. Präs.)
	Er sagte: „Freitags essen sie Fisch."	
Indirekte Rede:	[*Er sagte, seine Großeltern kommen morgen.*	(Konj. I)]
	Er sagte, seine Großeltern kämen morgen.	(Konj. II)
	Er sagte, freitags äßen sie Fisch.	

Steht die direkte Rede in einer der drei Vergangenheitsformen (a – c), setzt man die indirekte Rede in den Konj. (I) Perf.:

a) Prät.	*Fritz sagte: „Ich aß gestern ein Eis."*
b) Perf.	*Fritz sagte: „Ich habe gestern ein Eis gegessen."*
c) Plusq.	*Fritz sagte: „Ich hatte gestern ein Eis gegessen."*
Konj. I:	*Fritz sagte, er **habe** gestern ein Eis **gegessen**.*

Zeitverhältnisse:

Der **Konj. I des Präs.** steht, wenn die Aussage des abhängigen Satzes **gleichzeitig** zur Aussage des übergeordneten Satzes ist, – unabhängig davon, welches Tempus der übergeordnete Satz hat:

	fragen ihn,	
	fragten ihn,	
Wir	*haben ihn gefragt,*	*ob er den Weg* ***wisse****.*
	hatten ihn gefragt,	
	werden ihn fragen,	

Der **Konj. I des Perf.** (bzw. Futur II) steht, wenn die Aussage des abhängigen Satzes **vorzeitig** zur Aussage des übergeordneten Satzes ist, – unabhängig davon, welches Tempus der übergeordnete Satz hat:

	sagt,	
	sagte,	
Er	*hat gesagt,*	*dass er das Auto* ***repariert habe.***
	hatte gesagt,	*dass er das Auto bis morgen* ***repariert haben werde****.*
	wird sagen,	

Der **Konj. I des Futur I** steht, wenn die Aussage des abhängigen Satzes **nachzeitig** zur Aussage des übergeordneten Satzes ist, – unabhängig davon, welches Tempus der übergeordnete Satz hat:

Wir { *versprechen ihm,* / *versprachen ihm,* / *haben ihm versprochen,* / *hatten ihm versprochen,* / *werden ihm versprechen,* } *dass es niemand* ***erfahren werde****.*

Der Konj. in der direkten Rede wird unverändert in die indirekte Rede übernommen; es ändert sich nur die Person. Befehle werden durch *sollen* oder *mögen* ausgedrückt, Fragen durch *ob.*

Direkte (wörtliche) Rede	Indirekte (berichtende) Rede
Trixi sagt: „Wenn ich das gewusst hätte, dann wäre ich gleich bei meiner Mutter geblieben. Hättest du mir das nicht schon viel früher sagen können? Das wäre doch bestimmt nicht zu viel verlangt gewesen. Versetze dich mal in meine Lage, dann würdest du die Sache anders betrachten."	*Trixi sagt, wenn sie das gewusst hätte, dann wäre sie gleich bei ihrer Mutter geblieben. Ob ich es ihr nicht schon viel früher hätte sagen können? Das wäre doch bestimmt nicht zu viel verlangt gewesen. Ich solle mich mal in ihre Lage versetzen, dann würde ich die Sache anders betrachten.*

An Stelle des Konj. I und II kann auch die Umschreibung Inf. + *würde* treten (= Konj. II von *werden*); sie gilt aber als typisches Kennzeichen der (gesprochenen) Umgangssprache:
Sie sagte, dass sie in Bonn wohnen würde (statt: *wohne* oder: *wohnte*).

Ich liebe, du liebst, er liebet das Lieben,
Was liebet, wird alles vom Lieben getrieben,
Wir lieben, ihr liebet, sie lieben zusammen.
Drum kommet, ihr Nymphen, und kühlet die Flammen.

Christian Hofmann von Hofmannswaldau (1617-1669)

7. Formentabellen

7.1 Deklination

7.1.1 Artikel und Nomen

Schwache Deklination

Sg.	m.	f.	n.
Nom.	der Mensch	die Frau	---
Gen.	des Menschen	der Frau	
Dat.	dem Menschen	der Frau	
Akk.	den Menschen	die Frau	

Pl.	m.	f.	n.
Nom.	die Menschen	die Frauen	---
Gen.	der Menschen	der Frauen	
Dat.	den Menschen	den Frauen	
Akk.	die Menschen	die Frauen	

Starke Deklination

Sg.	m.	f.	n.
Nom.	der Vater	die Mutter	das Kind
Gen.	des Vaters	der Mutter	des Kindes
Dat.	dem Vater	der Mutter	dem Kind(e)
Akk.	den Vater	die Mutter	das Kind

Pl.	m.	f.	n.
Nom.	die Väter	die Mütter	die Kinder
Gen.	der Väter	der Mütter	der Kinder
Dat.	den Vätern	den Müttern	den Kindern
Akk.	die Väter	die Mütter	die Kinder

Alle weiblichen Nomen (Feminina) sind im Singular endungslos, werden also nicht verändert! Im Plural wird ihnen in der schwachen Deklination ein *-en* angehängt (*Frauen*). In der starken Deklination der Feminina endet der Plural entweder auf *-s* (*Omas*) oder er wird umgelautet (*Mütter*).

Gemischte Deklination

Sg.	m.	f.	n.
Nom.	der Muskel	---	das Herz
Gen.	des Muskels		des Herzens
Dat.	dem Muskel		dem Herzen
Akk.	den Muskel		das Herz

Pl.	m.	f.	n.
Nom.	die Muskeln	---	die Herzen
Gen.	der Muskeln		der Herzen
Dat.	den Muskeln		den Herzen
Akk.	die Muskeln		die Herzen

7.1.2 Pronomen

Deklination des Personalpronomens

Sg.	1.	2.		3. m.	f.	n.
Nom.	ich	du	Sie	er	sie	es
Gen.	meiner	deiner	Ihrer	seiner	ihrer	seiner
Dat.	mir	dir	Ihnen	ihm	ihr	ihm
Akk.	mich	dich	Sie	ihn	sie	es

Pl.	1.	2.		3.
Nom.	wir	ihr	Sie	sie
Gen.	unser	euer	Ihrer	ihrer
Dat.	uns	euch	Ihnen	ihnen
Akk.	uns	euch	Sie	sie

Die Höflichkeitsanrede *Sie* (2. Pers.) wird in Briefen verwendet und genau wie das entsprechende Possessivpronomen *Ihr* großgeschrieben.

Deklination des Possessivpronomens

a) Singular (*mein Bruder, meine Brüder*). Die folgende Tabelle gibt die Formen in der 1. Pers. Sg. wieder. Die 2. Pers. Sg. (*dein*) und die 3. Pers. Sg. (*sein*) haben dieselben Endungen.

Sg.	m.	f.	n.	**Pl.** (m., f., n.)
Nom.	mein	meine	mein	meine
Gen.	meines	meiner	meines	meiner
Dat.	meinem	meiner	meinem	meinen
Akk.	meinen	meine	mein	meine

b) Plural (*unser Bruder, unsere Brüder*). Die folgende Tabelle gibt die Formen in der 1. Pers. Pl. wieder. Die 2. Pers. Pl. (*euer*) und die 3. Pers. Pl. (*ihr*) haben dieselben Endungen.

Sg.	m.	f.	n.	**Pl.** (m., f., n.)
Nom.	unser	unsere	unser	unsere
Gen.	unseres	unserer	unseres	unserer
Dat.	unserem	unserer	unserem	unseren
Akk.	unseren	unsere	unser	unsere

Deklination weiterer Pronomen

Das Wort *dieser* ist ein Demonstrativpronomen.

Sg.	m.	f.	n.	**Pl.** (m., f., n.)
Nom.	dieser	diese	dieses	diese
Gen.	dieses	dieser	dieses	dieser
Dat.	diesem	dieser	diesem	diesen
Akk.	diesen	diese	dieses	diese

Das Wort *der* kann ein Relativ- oder Demonstrativpronomen sein.
Es ist gleichlautend mit dem bestimmten Artikel (s. Kapitel 7.1.1).

Sg.	m.	f.	n.	**Pl.** (m., f., n.)
Nom.	der	die	das	die
Gen.	dessen	deren	dessen	deren
Dat.	dem	der	dem	denen
Akk.	den	die	das	die

Das Wort *welcher* kann ein Relativ- oder Interrogativpronomen sein.
In der Umgangssprache kann es auch als Indefinitpronomen verwendet werden:
Kannst du mir welche mitbringen?
Der Genitiv Singular wird vermieden und durch das Pronomen *dessen* oder *deren* ersetzt.

Sg.	m.	f.	n.	**Pl.** (m., f., n.)
Nom.	welcher	welche	welches	welche
Gen.	~ [dessen]	~ [deren]	~ [dessen]	~ [deren]
Dat.	welchem	welcher	welchem	welchen
Akk.	welchen	welche	welches	welche

7.1.3 Adjektive

Deklination des Adjektivs

Sg.	m.	f.	n.
Nom.	der gute / ein guter Mann	die schöne / eine schöne Frau	das süße / ein süßes Kind
Gen.	des / eines guten Mannes	der / einer schönen Frau	des / eines süßen Kindes
Dat.	dem / einem guten Mann(e)	der / einer schönen Frau	dem / einem süßen Kind(e)
Akk.	den / einen guten Mann	die / eine schöne Frau	das / ein süßes Kind

Pl.	m.	f.	n.
Nom.	die / keine guten Männer	die / keine schönen Frauen	die / keine süßen Kinder
Gen.	der / keiner guten Männer	der / keiner schönen Frauen	der / keiner süßen Kinder
Dat.	den/keinen guten Männern	den / keiner schönen Frauen	den/keinen süßen Kindern
Akk.	die / keine guten Männer	die / keine schönen Frauen	die / keine süßen Kinder

7.2 Konjugation

Bildung der Verbformen unter Berücksichtigung von Person (1., 2., 3.), Numerus (Sg. / Pl.), Tempus (sechs Zeitformen) und Genus Verbi (Aktiv / Passiv) im Indikativ (Modus).
In der 3. Pers. Sg. steht *er* hier stellvertretend für *er, sie es.*

7.2.1 Schwache (regelmäßige) Verben

		Präsens	Futur I	Futur II
Aktiv	1.	ich lobe	ich werde loben	ich werde gelobt haben
Sg.	2.	du lobst	du wirst loben	du wirst gelobt haben
	3.	er lobt	er wird loben	er wird gelobt haben
Aktiv	1.	wir loben	wir werden loben	wir werden gelobt haben
Pl.	2.	ihr lobt	ihr werdet loben	ihr werdet gelobt haben
	3.	sie loben	sie werden loben	sie werden gelobt haben
Passiv	1.	ich werde gelobt	ich werde gelobt werden	ich werde gelobt worden sein
Sg.	2.	du wirst gelobt	du wirst gelobt werden	du wirst gelobt worden sein
	3.	er wird gelobt	er wird gelobt werden	er wird gelobt worden sein
Passiv	1.	wir werden gelobt	wir werden gelobt werden	wir werden gelobt worden sein
Pl.	2.	ihr werdet gelobt	ihr werdet gelobt werden	ihr werdet gelobt worden sein
	3.	sie werden gelobt	sie werden gelobt werden	sie werden gelobt worden sein

7.2.1 Schwache (regelmäßige) Verben – Fortsetzung

	Plusquamperfekt	Perfekt	Präteritum (Imperfekt)
Aktiv 1. Sg. 2. 3.	ich hatte gelobt du hattest gelobt er hatte gelobt	ich habe gelobt du hast gelobt er hat gelobt	ich lobte du lobtest er lobte
Aktiv 1. Pl. 2. 3.	wir hatten gelobt ihr hattet gelobt sie hatten gelobt	wir haben gelobt ihr habt gelobt sie haben gelobt	wir lobten ihr lobtet sie lobten
Passiv 1. Sg. 2. 3.	ich war gelobt worden du warst gelobt worden er war gelobt worden	ich bin gelobt worden du bist gelobt worden er ist gelobt worden	ich wurde gelobt du wurdest gelobt er wurde gelobt
Passiv 1. Pl. 2. 3.	wir waren gelobt worden ihr wart gelobt worden sie waren gelobt worden	wir sind gelobt worden ihr seid gelobt worden sie sind gelobt worden	wir wurden gelobt ihr wurdet gelobt sie wurden gelobt

7.2.2 Starke (unregelmäßige) Verben (mit Ablaut)

	Präsens	Futur I	Futur II
Aktiv 1. Sg. 2. 3.	ich finde du findest er findet	ich werde finden du wirst finden er wird finden	ich werde gefunden haben du wirst gefunden haben er wird gefunden haben
Aktiv 1. Pl. 2. 3.	wir finden ihr findet sie finden	wir werden finden ihr werdet finden sie werden finden	wir werden gefunden haben ihr werdet gefunden haben sie werden gefunden haben
Passiv 1. Sg. 2. 3.	ich werde gefunden du wirst gefunden er wird gefunden	ich werde gefunden werden du wirst gefunden werden er wird gefunden werden	ich werde gefunden worden sein du wirst gefunden worden sein er wird gefunden worden sein
Passiv 1. Pl. 2. 3.	wir werden gefunden ihr werdet gefunden sie werden gefunden	wir werden gefunden werden ihr werdet gefunden werden sie werden gefunden werden	wir werden gefunden worden sein ihr werdet gefunden worden sein sie werden gefunden worden sein

7.2.3 Starke (unregelmäßige) Verben (mit Ablaut) – Fortsetzung

		Plusquamperfekt	Perfekt	Präteritum (Imperfekt)
Aktiv	1.	ich hatte gefunden	ich habe gefunden	ich fand
Sg.	2.	du hattest gefunden	du hast gefunden	du fand(e)st
	3.	er hatte gefunden	er hat gefunden	er fand
Aktiv	1.	wir hatten gefunden	wir haben gefunden	wir fanden
Pl.	2.	ihr hattet gefunden	ihr habt gefunden	ihr fandet
	3.	sie hatten gefunden	sie haben gefunden	sie fanden
Passiv	1.	ich war gefunden worden	ich bin gefunden worden	ich wurde gefunden
Sg.	2.	du warst gefunden worden	du bist gefunden worden	du wurdest gefunden
	3.	er war gefunden worden	er ist gefunden worden	er wurde gefunden
Passiv	1.	wir waren gefunden worden	wir sind gefunden worden	wir wurden gefunden
Pl.	2.	ihr wart gefunden worden	ihr seid gefunden worden	ihr wurdet gefunden
	3.	sie waren gefunden worden	sie sind gefunden worden	sie wurden gefunden

8. Grammatische Fachbegriffe: Glossar

Die eingeklammerten Zahlen verweisen auf die entsprechende Seite in dieser Grammatik.
Das Symbol → ist ein Hinweis auf thematisch verwandte Fachbegriffe in diesem Glossar.

Ablaut:
(35)
regelmäßiger Wechsel des Stammvokals (ein Vokal oder Umlaut im Wortstamm) bei der Stammformbildung starker Verben: *gehen – ging – gegangen*
→ Stammform, Stammvokal, Wortstamm

Adjektiv:
(26f., 82)
Eigenschaftswort, das ein Nomen (attributives Adjektiv) oder Verb (adverbiales Adjektiv) genauer beschreibt und oft wertend ist; eine veränderliche Wortart: *schön, groß*
→ Adverb, Attribut, Numerale; Deklination, Komparation

Adverb:
(39f.)
Umstandswort zur näheren Bestimmung eines Verbs in Bezug auf die Zeit, den Ort, den Grund oder die Art und Weise eines Geschehens; eine unveränderliche Wortart: *fast, sehr*
→ Adverbial, Partikel; Interrogativ-, Kausal-, Lokal-, Modal-, Relativ-, Temporaladverb

Adverbial(e):
(43f., 49)
ein Satzglied, das die näheren Umstände eines Geschehens genauer bezeichnet; Umstandsbestimmung (adverbiale Bestimmung) der Zeit, des Ortes, des Grundes, der Art und Weise:
Ich gehe morgen früh baden.
→ Adverb, Adverbialsatz, Objekt, Prädikat, Satzglied, Subjekt

Adverbialsatz: (49f.)
Nebensatzart; auch *konjunktionaler Nebensatz* oder *konjunktionaler Gliedsatz* genannt; ersetzt ein Satzglied (das Adverbial) und bezeichnet die näheren Umstände eines Geschehens genauer: *Der Tag ist schön, weil die Sonne scheint*.
→ Adverb, Adverbial

Akkusativ: (10, 23, 38)
vierter Fall (Kasus) bei der Deklination (Frage: Wen oder was?): *Max fängt den Ball*.
→ Deklination, Kasus

Aktiv: (31, 33)
eine Verbform (sog. Tat- bzw. Tätigkeitsform; von lat. *agere*: *machen, tun*); Handlungsrichtung des Verbs, die ein Geschehen vom Satzsubjekt her ausdrückt: *Ich fahre gern Fahrrad.*
→ Genus Verbi, Passiv, Verb

Apostroph: (67)
Auslassungszeichen, das gesetzt wird, wenn einem Wort ein Buchstabe (Vokal) oder Wortteil fehlt: *Gibt's bald Essen?*

Apposition: (46)
Beifügung oder Beisatz (ohne Prädikat) zu einem Nomen; steht im gleichen Kasus wie das Bezugswort: *Christoph, der alte Schwede, hat mich im Schach besiegt*.
→ Attribut

Artikel: (22, 77f.)
Begleiter eines Nomens, der dessen grammatisches Geschlecht anzeigt (Geschlechtswort); eine veränderliche Wortart; man unterscheidet bestimmte (*der, die, das*) und unbestimmte Artikel (*ein, eine, einer*)
→ Genus

Attribut: (45f.)
Beifügung zu einem Nomen; Teil eines Satzglieds, das in Bezug auf den Satzbau nicht notwendig, inhaltlich aber oft wichtig ist; es gibt viele verschiedene Formen:
Der Schüler in der letzten Reihe träumt.
→ Adjektiv, Apposition, Satzglied

Dativ: (10, 23, 38)
dritter Fall (Kasus) bei der Deklination (Frage: Wem?): *Er gibt ihr einen Kuss.*
→ Deklination, Kasus

Deklination: (21ff., 77ff.)	Beugung (Fallsetzung) der Nomen, Artikel, Pronomen, Adjektive und Numeralia zur Bestimmung von Kasus, Numerus und Genus: *das Buch, des Buches, dem Buch, das Buch;* *die Bücher, der Bücher, den Büchern, die Bücher* → Flexion, Kasus
Demonstrativpronomen: (25f., 80f.)	hinweisendes Fürwort: *dieser, jener* → Pronomen
Diphthong: (13)	Zwielaut; Doppellaut aus zwei Selbstlauten (Vokalen): *laut, heute* → Vokal, Zwielaut
Elativ: (27)	absoluter Superlativ (ohne Vergleich); Sonderform der Steigerung des Adjektivs (Komparation): *Wer schießt das Tor des Jahres? Komm bitte schleunigst nach Hause!* → Komparation, Superlativ
Femininum: (10, 22f.)	weibliches grammatisches Geschlecht der Artikel, Nomen und Pronomen: *die Frau, sie, jene* → Genus, Maskulinum, Neutrum
final (37, 50):	eine Absicht, einen Zweck angebend; zielgerichtet
finite Verbform: (30f.)	(durch Person und Numerus) bestimmte Verbform mit Personalendung: *liebe, liebst, liebt* → infinite Verbform, Person, Numerus, Personalform
Flexion: (21, 24, 30)	Beugung der veränderlichen Wortarten: Deklination (Fallsetzung der Nomen u.a.), Konjugation (Formenbildung der Verben), Komparation (Steigerung der Adjektive) → Deklination, Konjugation, Komparation
Fugen-*s*: (69):	verbindet zwei Nomen in einem Wort: *Wirtshaus, Lebenslauf*

Futur:
(11, 31f., 72f.)
Zeitform (Tempus), die ein Geschehen in der Zukunft bezeichnet:
Ich werde beim nächsten Mal gewinnen.
→ Tempus

Genitiv:
(10, 23, 38)
zweiter Fall (Kasus) bei der Deklination (Frage: Wessen?):
Der Füller des Schülers schreibt nicht.
→ Deklination, Kasus

Genus:
(10, 23)
grammatisches Geschlecht von Artikel, Nomen und Pronomen: maskulin (*der Bäcker, er*), feminin (*die Backform, sie*), neutral (*das Brot, es*)
→ Deklination, Femininum, Maskulinum, Neutrum

Genus Verbi:
(10, 31, 33)
Handlungsrichtung des Verbs: Aktiv (*ich rufe, sie hören*) oder Passiv (*ich werde gerufen, sie werden gehört*)
→ Aktiv, Konjugation, Passiv, Verb

Gliedsatz:
(12, 47f.)
Nebensatz, der ein Satzglied ersetzt und mit einer Verbform endet
→ Hauptsatz, Nebensatz, Satzglied

Hauptsatz:
(12, 26, 37, 47)
Satz, der allein stehen kann, also wenigstens Subjekt und Prädikat enthält (die Verbform steht im Aussagesatz an zweiter Stelle): *Ich lese gern.*
→ Gliedsatz, Nebensatz, Parataxe, Satzglied

Homonym:
(20)
Homonyme sind Wörter, die gleich geschrieben werden, aber unterschiedliche Bedeutung haben: *Ball* (Fußball) – *Ball* (Tanzfest)
→ Homophon, Synonym

Homophon:
(20)
Homophone sind gleich lautende Wörter mit unterschiedlicher Schreibung: *Lehre - Leere*
→ Homonym

Hypotaxe: (47)
Satzgefüge; Über- und Unterordnung von Haupt- und Nebensätzen; oft längere, verschachtelte Sätze:
Gestern war ich einkaufen und habe, nachdem ich Milch aus dem Kühlregal entnommen habe, feststellen müssen, dass eine Milchtüte undicht war, was aber nicht so schlimm war, weil es noch andere gab, die kein Loch hatten.
→ Hauptsatz, Nebensatz, Parataxe

Imperativ: (11, 30, 33)
Befehlsform; Aussageweise (Modus) des Verbs; die Einzahl (Sg.) wird i.d.R. aus dem endungslosen Infinitiv (Wortstamm) gebildet: *Drück! Zieh!*
in der Mehrzahl (Pl.) wird ein *-t* an den Wortstamm angehängt: *Drückt! Zieht!*
→ Infinitiv, Modus, Wortstamm

Imperfekt: (11, 31)
Zeitform der Vergangenheit; auch *Präteritum* genannt (siehe dort)
→ Präteritum, Tempus

Indefinit-pronomen: (25, 81)
unbestimmtes Fürwort: *manche, einige*
→ Pronomen

Indikativ: (11, 31f.)
Wirklichkeitsform des Verbs; Aussageweise (Modus) der finiten Verbform: *Ich habe Kinder.*
→ finite Verbform, Konjunktiv, Modus

infinite Verbform: (30)
Verbform des unbestimmten Verbs ohne Personalendung: Infinitiv (*lachen, lieben*) oder Partizip (*lachend, gelacht; liebend, geliebt*)
→ finite Verbform, Infinitiv, Partizip

Infinitiv: (11, 30)
Grundform des Verbs, die immer auf *-(e)n* endet: *sagen, reden*
→ infinite Verbform, Verb

Instrumentalsatz: (49)	Form des konjunktionalen Nebensatzes (Adverbialsatz); bezeichnet das Mittel, mit dem etwas geschieht oder erreicht wird: *Sie bearbeitete das Bild, <u>indem sie die Farben mischte</u>.* → Adverbialsatz, Gliedsatz, Konjunktion, Nebensatz
Interjektion: (40)	Ausruf, Empfindungswort (eine unveränderliche Wortart): *Oh! Ach!* → Partikel
Interrogativ-adverb: (39)	Umstandswort, das einen direkten oder indirekten Fragesatz einleitet: *Sie fragte ihn, <u>wann</u> er komme. Ich weiß nicht, <u>warum</u> sie fehlt.* → Adverb
Interrogativ-pronomen: (25, 81)	fragendes Fürwort, das einen Fragesatz einleitet (sog. W-Fragen): *<u>Wem</u> gehört der Pullover?* → Pronomen
intransitives Verb: (34)	eine Verbform *ohne* Akkusativ-Objekt, die kein persönliches Passiv bilden kann: *gehen, sterben* → Objekt, Passiv, Subjekt, transitives Verb, Verb
Kardinalzahl: (28)	Grundzahl: *eins, zwei, drei ...* → Ordinalzahl, Numerale
Kasus: (10, 21, 23)	erster bis vierter Fall (Nominativ, Genitiv, Dativ, Akkusativ) bei der Beugung (Deklination) der Nomen, Artikel, Pronomen, Adjektive und Numeralia → Akkusativ, Dativ, Deklination, Genitiv, Nominativ
kausal: (37ff., 44, 49)	einen Grund angebend; ursächlich

Kausaladverb: (39)
Umstandswort, das sich auf eine Begründung bezieht:
Musst du deshalb gleich schreien?
→ Adverb, kausal

Komparation: (21, 26f., 40)
Beugung bzw. Steigerung der Adjektive (Grund-, Vergleichs-, Höchststufe):
schön, schöner, am schönsten
→ Flexion, Komparativ, Positiv, Superlativ

Komparativ: (27, 40)
Vergleichsstufe bei der Steigerung des Adjektivs; endet in der Regel auf *-er*: *heißer, kälter*
→ Adjektiv, Flexion, Komparation, Positiv, Superlativ

konditional: (37, 50)
bedingend; eine Bedingung angebend

Konjugation: (21, 30, 83ff.)
Beugung der Verben; regelmäßige Formenbildung der finiten Verbformen (v.a. zur Bestimmung von Person und Numerus):
ich lese, du liest, er / sie / es liest ...
→ Flexion, Genus Verbi, Modus, Numerus, Person, Tempus

Konjunktion: (37)
Bindewort; verbindet Wörter, Wortgruppen oder Sätze (v.a. Einleitung eines Nebensatzes oder Verbindung zweier Hauptsätze); eine unveränderliche Wortart:
Ich komme nicht, weil es regnet. Max geht baden und Moritz macht Urlaub.
→ Partikel

Konjunktiv: (11, 31ff., 72ff.)
Möglichkeitsform des Verbs; Aussageweise (Modus) der finiten Verbform, welche die indirekte Rede wiedergibt (Konj. I: *Ute meint, es werde gehen.*) oder einen Wunsch ausdrückt (Konj. II: *Ich hätte gerne Kinder.*)
→ finite Verbform, Indikativ, Modus

Konsekutiv:
(37, 50)
folgend; die Folge eines Geschehens bezeichnend

Konsonant:
(14, 16)
Mitlaut; alle Buchstaben des Alphabets, die keine Selbstlaute (Vokale) oder Umlaute sind: *b, c, d ...*
→ Vokal, Umlaut

konzessiv:
(37, 50)
einräumend, einschränkend

Kopula:
(42)
Band; Satzband, das aus den Hilfsverben *sein* oder *werden* besteht und das Subjekt mit der (Hilfs-)Verbform verbindet: *Ich <u>bin</u> glücklich.*
→ Prädikativ(um), Subjekt

lokal:
(39, 44, 46, 49)
örtlich; einen Ort betreffend oder bezeichnend

Lokaladverb:
(39)
Umstandswort, das den Ort eines Geschehens genauer bezeichnet:
Es gibt <u>nirgendwo</u> freie Plätze!
→ Adverb, lokal

Maskulinum:
(10, 22f.)
männliches grammatisches Geschlecht der Artikel, Nomen und Pronomen:
der Mann, er, jener
→ Femininum, Genus, Neutrum

modal:
(37, 39, 44, 46, 49)
die Art und Weise eines Geschehens bezeichnend; den Modus (Aussageweise des Verbs) betreffend
→ Modaladverb, Modalverb, Modus, Verb

Modaladverb:
(39, 46)

Umstandswort, das die Art und Weise eines Geschehens genauer bezeichnet:
Das habe ich keineswegs behauptet!
→ Adverb, modal

Modalverb:
(29)

Im Deutschen kann die Art und Weise eines Geschehens durch sechs Modalverben genauer bestimmt werden: *Ihr dürft anfangen! Wir können nicht mehr! Ich möchte gerne wiederkommen. Er muss gehen! Du sollst kommen! Ich will es versuchen!*
→ modal, Modus, Verb

Modus (Verbi):
(11, 31f., 72)

Aussageweise der finiten Verbform: Wirklichkeitsform (Indikativ: *Mir geht es gut!*), Möglichkeitsform (Konjunktiv: *Es könnte besser gehen!*) oder Befehlsform (Imperativ: *Geh' zum Arzt!*)
→ finite Verbform, Indikativ, Imperativ, Konjugation, Konjunktiv, modal

Nebensatz:
(12, 47ff.)

Satz, der nicht allein stehen kann, da er sonst unvollständig wäre. Ein Nebensatz wird durch Konjunktion, Relativpronomen oder ein Adverb eingeleitet und endet mit der Personalform des Verbs:
Ich kann morgen nicht kommen, weil ich ins Theater gehe.
→ Gliedsatz, Hauptsatz, Satzglied

Neutrum:
(10, 22f.)

neutrales bzw. sächliches grammatisches Geschlecht der Artikel, Nomen und Pronomen:
das Kind, es, jenes
→ Femininum, Genus, Maskulinum

Nomen:
(23f., 26, 77f.)

Hauptwort, auch *Substantiv* genannt; es wird großgeschrieben und bezeichnet Gegenstände, Lebewesen, Begriffe oder Eigennamen; eine veränderliche Wortart:
Holz, Baum, Photosynthese, Stieleiche
→ Substantiv

Nominativ: (10, 23, 38) erster Fall (Kasus) bei der Deklination (Frage: Wer oder was?): *Simon spielt gern Sudoku.*
→ Deklination, Kasus

Numerale: (28) Zahlwort, das eine bestimmte oder unbestimmte Menge angibt (veränderliche Wortart); man unterscheidet Grundzahlen (Kardinalzahlen: *eins, zwei*), Ordnungszahlen (Ordinalzahlen: *erster, zweiter*) und unbestimmte Zahlwörter (*manche, viele*); in manchen Grammatiken bilden die Zahlwörter (Pl.: Numeralia) als *Zahladjektive* eine Untergruppe der Adjektive
→ Adjektiv, Kardinalzahl, Ordinalzahl

Numerus: (10, 21, 23, 31) Einzahl (Sg.) oder Mehrzahl (Pl.); Zahlform der veränderlichen Wortarten (Artikel, Nomen, Pronomen, Adjektiv, Numerale, Verb): *der gute Schüler – die guten Schüler*
→ Deklination, Konjugation, Plural, Singular

Objekt: (12, 43, 48) Satzergänzung; ein Satzglied, das unmittelbar vom Prädikat (einer Verbform) abhängig ist und das Ziel einer Handlung angibt: *Max ärgert Moritz.*
→ Adverbial, Satzglied, Subjekt, Prädikat

Ordinalzahl: (28) Ordnungszahl: *erste(r), zweiter(r), dritte(r)...*
→ Kardinalzahl, Numerale

Parataxe: (47) Satzreihe; Nebenordnung bzw. Aneinanderreihung von gleichwertigen (eher kurzen) Hauptsätzen: *Gestern war ich einkaufen und ich nahm Milch aus dem Kühlregal. Eine Milchtüte war undicht. Das war aber nicht so schlimm. Andere Tüten hatten kein Loch.*
→ Hauptsatz, Hypotaxe

Partikel: (37) Bezeichnung für die unveränderlichen Wortarten (Umstandswörter, Ausrufe, Binde- und Verhältniswörter): *morgen, ätsch, aber, unter*
→ Adverb, Interjektion, Konjunktion, Präposition

Partizip:
(11, 30, 34f., 36)
Mittelwort; eine vom Verb abgeleitete Wortart, die auch Merkmale des Adjektivs aufweist; das Partizip I endet auf *-nd* (*lobend*, *laufend*), das Partizip II hat i.d.R. die Vorsilbe *ge-*: (*gelobt*, *gelaufen*)
→ Adjektiv, Verb

Passiv:
(31, 33f.)
eine Verbform (sog. Leideform; von lat. *pati*: *leiden, dulden*); Handlungsrichtung (Genus) des Verbs, die ausdrückt, was mit dem Satzsubjekt geschieht (Vorgangspassiv) bzw. geschehen ist (Zustandspassiv): *Ich werde geehrt. Der Gegner ist geschlagen.*
→ Aktiv, Genus Verbi, Verb, Vorgangspassiv, Zustandspassiv

Perfekt:
(11, 31f., 36, 72ff.)
auch *vollendete Gegenwart* genannte Zeitform (Tempus), die ein Geschehen in der Vergangenheit bezeichnet, welches jedoch Auswirkungen auf die Gegenwart hat:
Ich habe das Spiel gewonnen.
→ Tempus

Person:
(11, 21, 31)
Personalpronomen bzw. Verbform: 1. Pers. = Sprecher oder Schreiber; 2. Pers. = Angesprochener; 3. Pers. = Person oder Sache, über die gesprochen wird:
ich lese, du liest, er liest; wir lesen, ihr lest, sie lesen
→ Konjugation, Personalform, Personalpronomen, Verb

Personalform:
(30, 47)
konjugierte (finite) Form des Verbs (Wortstamm mit Personalendung), die einen Hinweis auf Person, Numerus (Sg., Pl.), Tempus (Zeitform), Modus (Ind., Konj., Imp.) und Genus Verbi (Aktiv, Passiv) enthält: *(ich) leb~e, (du) leb~st, (er) leb~t, (wir) leb~en ...*
→ finite Verbform, Genus Verbi, Konjugation, Modus, Numerus, Person, Tempus, Verb, Wortstamm

Personal-pronomen:
(11, 25, 79)
persönliches Fürwort: *ich, du, wir, ihr*
→ Person, Pronomen

Plural:
(10, 23f., 31, 33)

Mehrzahl; Zahlform (Numerus) der veränderlichen Wortarten: *Die Löwen, sie brüllen.*
→ Numerus, Singular

Plusquamperfekt:
(11, 31, 73)

auch *vollendete Vergangenheit* genannte Zeitform (Tempus), die ein Geschehen in der Vorvergangenheit bezeichnet, welches in der Vergangenheit bereits abgeschlossen ist: *Ich hatte damals die Meisterschaft gewonnen.*
→ Tempus

Positiv:
(27, 40)

Grundform bzw. Grundstufe der Steigerung des Adjektivs: *heiß, kalt*
→ Adjektiv, Flexion, Komparation, Komparativ, Superlativ

Possessivpronomen:
(25, 79f.)

besitzanzeigendes Fürwort: *mein(s), dein(s), sein(s)*
→ Pronomen

Prädikat:
(12, 42, 48)

Satzaussage, Satzkern; ein Satzglied, das aus einer Verbform gebildet wird und eine Handlung bezeichnet; man unterscheidet einfaches (einteiliges) und zusammengesetztes Prädikat (Prädikatsklammer): *Struppi bellt laut. Tim hat den Hund gerufen.*
→ Adverbial, Objekt, Prädikativ, Satzglied, Subjekt

Prädikativ(um):
(26, 42)

zur Satzaussage gehörende Sonderform des Prädikats, die in enger Verbindung mit dem Subjekt steht und eine Gleichsetzung ausdrückt (das Prädikativ wird auch *Prädikatsnomen* oder *Gleichsetzungsnominativ* genannt); zur Verbindung dienen die Hilfsverben *sein* und *werden*: *Mir ist schlecht. Otto wird König.*
→ Kopula, Prädikat, Subjekt

Präfix:
(18)

ein unselbstständiges *Wortbildungselement*, das vor dem Wortstamm steht und oft mit *Vorsilbe* übersetzt wird, was jedoch strenggenommen etwas unpräzise ist, da es sich bei der Vorsilbe um eine lautliche Einheit handelt: *Gebüsch, Beruf, uneben, Bedeutung*
→ Suffix, Wortstamm

Präposition: (11, 38)
Verhältniswort, das i.d.R. vor einem Nomen steht und das Verhältnis zu einem anderen Wort genauer beschreibt; eine unveränderliche Wortart: *Brutus steht <u>hinter</u> dem Busch.*
→ Partikel

Präsens: (11, 31, 36, 72ff.)
Zeitform (Tempus) der Gegenwart, die sehr häufig verwendet wird:
Ich gewinne das Schachspiel.
→ Tempus

Präteritum: (11, 31, 34f., 73)
auch *Imperfekt* genannt; Zeitform (Tempus), die häufig verwendet wird und ein Geschehen in der Vergangenheit bezeichnet; Haupt-Erzähltempus: *Ich gewann das Turnier.*
→ Imperfekt, Tempus

Pronomen: (24ff., 79ff.)
Fürwort, das ein Hauptwort (Nomen) ersetzt oder begleitet; eine veränderliche Wortart:
ich, welche, dieser, dich, sein, wer
→ Demonstrativ-, Indefinit-, Interrogativ-, Personal-, Possessiv-, Reflexiv-, Relativpronomen

Reflexivpronomen: (25)
rückbezügliches Fürwort, das sich i.d.R. auf die im Subjekt genannte Person (rück-)bezieht:
Ich habe <u>mich</u> geirrt. Er hat <u>sich</u> verletzt.
→ Pronomen

Relativadverb: (39)
Umstandswort, das einen Relativsatz einleitet; das Relativadverb (*wo*) kann durch ein Relativpronomen (hier mit vorangestellter Präposition) ersetzt werden:
Im Parkhaus sind noch freie Plätze, <u>wo</u> (auf denen) Sie parken können.
→ Adverb, Relativsatz

Relativpronomen: (25f., 81)
bezügliches Fürwort, das einen Relativsatz einleitet und in enger Beziehung zum übergeordneten Hauptsatz steht: *Das Kind, <u>das (welches)</u> erst fünf Jahre alt ist, macht einen Salto.*
→ Pronomen, Relativsatz

Relativsatz: (50)	Nebensatz, der durch ein Relativpronomen oder ein Relativadverb eingeleitet wird: *Ich kenne die Frau, die vor der Ampel wartet.* → Nebensatz, Relativadverb, Relativpronomen
Satzglied: (12, 41ff.)	kleinstes selbstständiges Satzelement; Teil eines Satzes, der bei der Umstellprobe als Block ausgetauscht wird; man unterscheidet: Satzgegenstand (Subj.), Satzaussage (Präd.), Satzergänzung (Obj.) und Umstandsbestimmung (Adv.) → Adverbial, Objekt, Prädikat, Subjekt
Semikolon: (51)	Strichpunkt; ein Satzzeichen (;)
Singular: (10, 23f., 31, 33)	Einzahl; Zahlform (Numerus) der veränderlichen Wortarten: *Der Löwe, er brüllt.* → Numerus, Plural
Stammform: (34f.)	Angabe von Infinitiv, 1. Pers. Prät. und Partizip II v.a. bei unregelmäßigen Verben; hierzu gehören im Deutschen ca. 170 starke und gemischte Verben, bei denen sich der Stammvokal ändert: *binden – band – gebunden; klingen – klang – geklungen* → Ablaut, Infinitiv, Partizip, Person, Präteritum, Stammvokal, Verb, Wortstamm
Stammvokal: (35)	Selbstlaut (auch Um- oder Zwielaut) im Wortstamm eines Wortes; bei der Bildung der Stammformen des Verbs ändert sich der Stammvokal (außer bei schwachen Verben): *Fisch, groß, lachen, ziehen* → Ablaut, Stammform, Wortstamm
Subjekt: (12, 41, 48)	Satzgegenstand; Satzglied; i.d.R. ein Nomen oder Pronomen, das im Nominativ steht: *Ich bin mir da sicher.* → Nominativ, Satzglied

Subjunktion: (37)
Bindewort; Nebenbezeichnung für unterordnende Konjunktionen, die einen Nebensatz mit dem übergeordneten Hauptsatz verbinden; eine unveränderliche Wortart:
Ich gehe zum Arzt, damit ich gesund bleibe.
→ Hauptsatz, Konjunktion, Nebensatz, Partikel

Substantiv: (23, 29)
Hauptwort; auch *Nomen* genannt (siehe dort). Als *Substantivierung* bezeichnet man die Umformung einer veränderlichen Wortart in ein Substantiv:
lieben – das Lieben *drei – die Drei* *stark – der Starke* *ich – das Ich*

Suffix: (18)
ein unselbstständiges *Wortbildungselement*, das an den Wortstamm angehängt und oft mit *Nachsilbe* übersetzt wird, was jedoch strenggenommen etwas unpräzise ist, da es sich bei der Nachsilbe um eine lautliche Einheit handelt: *kleinlich, Sieger, Freiheit, dankbar*
→ Präfix, Wortstamm

Superlativ: (27, 40)
Höchststufe bei der Steigerung des Adjektivs: *am heißesten, am kältesten*
→ Adjektiv, Flexion, Komparation, Komparativ, Positiv

Synonym: (20)
Synonyme sind bedeutungsgleiche bzw. sinnverwandte Wörter:
Apfelsine – Orange *Löwenzahn – Pusteblume*
→ Homonym

temporal: (39, 44, 46)
zeitlich; einen Zeitpunkt betreffend oder bezeichnend

Temporaladverb: (39, 46)
Umstandswort, das den Zeitpunkt eines Geschehens genauer bezeichnet:
Ich war gestern im Theater.
→ Adverb, temporal

Tempus: (11, 31)
Zeit; hier: Zeitform des Verbs (Präs., Prät., Perf., Plusq., Fut. I, Fut. II)
→ Futur, Konjugation, Perfekt, Plusquamperfekt, Präsens, Präteritum, temporal

transitives Verb: **(34)**
Verbform mit Akkusativ-Objekt, welches bei der Umwandlung ins Passiv zum Subjekt wird:
Der Vater lobt das Kind. – Das Kind wird vom Vater gelobt.
→ intransitives Verb, Objekt, Passiv, Subjekt, Verb

Umlaut: **(13)**
Umlaute sind die Laute *ä, ö, ü* (und *äu*); die Umwandlung der betonten Vokale *a, o, u* (im Wortstamm) in die helleren Umlaute *ä, ö, ü* bezeichnet man als *Umlauten*:
Rad – Räder, Rom – Römer, Zug – Züge
→ Konsonant, Vokal, Wortstamm

Verb: **(29ff., 83ff.)**
Zeitwort, das eine Tätigkeit, einen Vorgang oder einen Zustand bezeichnet und den Satzkern (Prädikat) bildet; eine veränderliche Wortart, deren Beugung *Konjugation* genannt wird; man unterscheidet verschiedene Untergruppen:
a) Voll-, Hilfs- und Modalverben,
b) starke, schwache und gemischte Verben,
c) finite und infinite Verben,
d) transitive und intransitive Verben
→ Ablaut, Adverb, Aktiv, finite Verbform, Genus Verbi, Imperativ, Indikativ, infinite Verbform, intransitives Verb, Konjugation, Konjunktiv, Modalverb, Modus, Numerus, Passiv, Person, Prädikat, Prädikativ, Tempus, transitives Verb

Vokal: **(13, 15f.)**
Selbstlaut: *a, e, i, o, u*
→ Diphthong, Konsonant, Umlaut, Zwielaut

Vorgangspassiv: **(34)**
Passivform des Verbs; Handlungsrichtung (Genus Verbi), die angibt, was mit dem Subjekt geschieht; wird aus einer Form von *werden* und dem Partizip II. gebildet:
Ich werde von meiner Frau auf Händen getragen.
→ Genus Verbi, Passiv, Verb, Zustandspassiv

Wortfamilie:
(19)

Wörter, die auf einen gemeinsamen Ursprung (Wortstamm) zurückgehen:
Hof, Hofnarr, Hofstaat, Höfling, höflich, höfisch, hofieren, ...
→ Wortstamm

Wortstamm:
(18f.)

bedeutungstragende Einheit eines Wortes (ohne Prä- oder Suffix), an die eine Vor- oder Nachsilbe angehängt werden kann (beim Verb die Infinitiv-Form ohne *-en*):
Bezug, Anfahrt, Zeitung, Richter, lachen, sprechen, gerufen, verlaufen
→ Präfix, Suffix, Infinitiv, Umlaut, Wortfamilie

Zustandspassiv:
(34)

Passivform des Verbs; Handlungsrichtung (GenusVerbi), die einen Zustand des Subjekts angibt, nachdem etwas mit ihm gemacht wurde; seltener als das Vorgangspassiv; wird aus einer Form von *sein* und dem Partizip II. gebildet: *Die Bleistiftspitze ist abgebrochen.*
→ Genus Verbi, Passiv, Verb, Vorgangspassiv

Zwielaut:
(13)

Doppellaut aus zwei Selbstlauten (Vokalen): *Haus, Zeuge, heiß, Saite*
→ Diphthong, Vokal